기찻길 옆
불란서 양옥집

기찻길 옆 불란서 양옥집

나의 사적 문명기

강정수 지음

레트루

차례

추천의 글 _8

들어가는 글: 꿈에서 고래가 되었다 _13

1976. 아라비아의 열풍 그리고 신상神象 _17

어린 산보자, 읍내를 거닐다 _21

뒤죽박죽 외딴집, 불란서 양옥에 도착하다 _35

기찻길 옆, 불란서 양옥집의 고래는 잘도 잤다 _41

1978. 크로바 가방과 만화 손목시계 _46

1978. 마차 그리고 마부 _52

1978. 코코아 _57

1979. 고소미, 종합선물 세트 _61

주전부리에 관한 로망, 오리온 밀크캬라멜 _65

'양초 좀 씹어 본' 아이들 _69

1979. 추풍령 휴게소에서의 핫도그 _73

1979. 마론인형과 함박스테이크 _77

시장에서의 스펙터클, 회충약과 네이키드 연필 _81

1979. 해태의 집, 데이트 아이스크림 _87

학교 앞 구멍가게 _90

1980. 사우디에서 온 연필깎이 _96

1980. 얼음 뗏목 _102

1980. 내 인생 최대의 장마 _107

장마 이후, 돼지를 잡다 _111

1980. 켄터키 후라이드 치킨 _114

1980. 빨간 롱부츠 _118

1980. 거짓말 탐지기 _124

1981. 연극 〈고도를 기다리며〉 _128

1981. 축제와 공연의 시대 _132

1982. 카레 _136

1982. 빨간색 피겨스케이트 _141

1982. 카바레, 아방궁 _145

1982. 영화 〈날마다 허물 벗는 꽃뱀〉 _148

최고의 엔터테인먼트, 제일극장 _152

단체관람 _158

소년잡지와 소년·소녀 세계문학전집

그리고 살아있는 그림책 _163

게으름쟁이 천국의 나라 _170

오스칼과 '내 사랑 마리벨' _175

1982. 우리가 사랑한 최초의 캐릭터 ET _182

1983. 수학여행 _186

1983. 템플스테이 _191

1984. 요절 작가의 매혹 _196

텔레비전 _200

1984. 쫄면 _207

1984. 컵라면 _214

검은 고양이 네로 _218

라디오 _222

1984. 내 나이키 _228

이모의 다락방 _236

공연의 메카에서 레슬링 시합과
고춘자 장소팔의 만담 _243

해외 펜팔 _247

1990. 명동 피자 inn _254

서울사람 _258

웬디스 햄버거와 & 로손 _264

1990. 오페라 〈카르멘〉 _269

삐삐, 자동차 그리고 인터넷 익스플로러 _273

배낭여행 _279

작가의 말 _288

해설: 하승우 _291

추천의 글

지나온 시절과 소소한 경이驚異

 누군들 자신이 살아온 시간을 이해하고 때로는 음미하고 싶지 않을까? 저자는 71년생으로 90년대 초까지의 사적인 동시에 알고 보면 어느 세대의 것인 경험을 돌아본다. 어쩌면 저리 잘 기억하지? 세세하고 생기 넘치는 기억에 감탄할 수밖에 없다.

 70, 80년대의 경험이 어느새 회상하고 기록할 만한 과거가 되었다는 당연한 사실이 새삼스럽다. 90년대 이후에 태어났더라면 경험하지 못했을 시절의 맛과 공기와 생활질서와 구경거리들, 그것이 이미 꽤 먼 과거가 아니면 무엇일까!

 이것이 바로 나이 듦에 관한 일이구나. 내겐 여전히 생생하지만 지금 세상을 새롭게 살아가는 많은 이들에겐 그리 보이지 않을 과거를 간직한다는 것은!

저자가 X세대를 일컫는 후기 베이비붐 세대라면, 필자는 86세대로 불리기도 하는 중기 베이비붐 세대에 속한다. 이 둘은 관찰되거나 스스로 실감하는 차이가 없지 않지만, 공통된 경험도 풍부한 세대들이다. 또는 비슷한 세상을 살아봤지만, 민감한 마음으로는 서로 다름을 깨닫곤 하는 다른 세대들이다. 그래서 책을 읽는 동안 시시각각 차이와 동질감이 교차 됨을 느낄 수 있었다.

온갖 것에 대한 호기심과 천진한 선망 그리고 적극성을 지닌 아이였던 저자가 기억해 낸 '칠공팔공' 시절의 일화들을 읽노라면, 아 그랬지, 그 시절엔 그런 게 있었어, 얼마나 신기하고 재미있었나, 하는 내적 감탄을 연발하게 된다. 나도 기억하는 일들이 있어, 이야기하고 싶다는 기분에 젖게 된다. 이 책은 어쩌면 그렇게 막 이야기를 나누고 싶은 기분에서 출발한 것은 아닐까? 원고를 읽다가 저자에게 전화를 걸어 '나도 어쩌다 생각나면 참 이상하더라고요. 서울인데도 길거리에 소와 말이 다녔다는 게!'라고 수다를 떨곤 했다.

70년대 경제발전에 발맞추어 대거 보급된 바 있는 불란서 주택에서 '불란서'란 20세기 한국인의 마음을 사로잡았던 선망의 목록 가운데 한 대상이다. 그러나 누군가에겐 유일했던 어떤 것도 시간이 흐르면서 빛바래고 '그 시절의 것'으로 낯설어진다. 돌아보면 '양옥집'은 이제는 조금 촌스럽게 느껴지고 레트로한 취향의 대상으로 애틋해진 무엇이다. 이 책에 실린 숱한 사물들이 같은 처지에 있다. 그땐 그렇게 괜찮았던 옛 사물을 저자는 그런데, 오늘의 시선이 아니라 당시의 마음으로 이야기한다. 그래서 따뜻해진다.

저자는 이 책에 '사적 문명기'라는 부제를 붙였다. 문명이라니! 언제 저자가 비문명인이기라도 했던가? 다분히 과장된 낯설게 하기이다. 성장기의 기억을 사적인 톤으로 서술하며 그것을 '신문물'의 체험기라고 명명함으로써 이 책은 특별한 성격을 얻는다. 저자는 어린 마음으로 접한 다양한 사물의 경이로움을 되살린다. 사회학적 조망 대신 다정하고 소소한 일상 사물들의 기억을 통해 '지나온 시절'의 작은 흥분들과 소망을 되살려 전하는 것이다.

70, 80년대의 한국은 거시적으로는 경직되고 억압적인 국가, 사회였다. 이 책은 그런 체제의 잿빛 지붕과 울타리 안에서도 훼손되지 않는 생기를 품고 성장한 어느 마음의 따뜻한 기억일 것이다. 그런 것을 잃지 않으려는 개인들의

삶이란 얼마나 소중한가. 같은 시대를 살았던 여느 마음들이 알아볼 것이다.

  이 책의 독자는 누구일까? 누구여야 가장 적당할까? 필자처럼 이미 알던 것을 상기하는 독자도 계실 터이고 살지 않은 시절을 건너다보게 된 독자도 계실 것이다. 어느 편이든 이제 자신의 이야기도 함께 나누고픈 기분이 생겨나시기를 바란다.

조원규(시인, 문예지 『베개』 발행인)

들어가는 글

꿈에서 고래가 되었다

어떤 꿈은 너무 선명해서 잊히질 않는다. 1980년 겨울 밤은 깊어 가고 여느 때처럼 맨 아랫목에 증조할머니를 시작으로 해서 우리 식구들은 잠잘 준비를 했다. 당시 대부분의 집들이 그랬듯이 우리 집도 외풍이 심했고, 아랫목은 절절 끓었지만 윗목은 냉골이어서 필히 난로를 놓을 수밖에 없었다. 이렇게 해도 집 안과 밖은 온도 차가 심해서 겨울에는 언제나 창문 유리창에 성에가 잔뜩 끼었고, 나는 일찌감치 두꺼운 솜이불 속으로 들어가 아침이 돼도 일어날 생각을 안 했다. 누워서 이 생각 저 생각하며 성에 낀 창문을 보고 있으면 머리를 틀어 올린 귀부인의 옆얼굴, 코끼리 머리, 꽃다발, 뭉게구름 같은 것들이 눈의 각도를 달리할 때마다 보였다 사라졌다 했다. 더는 버틸 수 없는 상황에 이르러서야 그 두꺼운 솜이불 밖으로 뭉그적거리며 나온다.

나는 주로 윗목 이모 옆에서 잠을 잤는데, 이모는 봄이나 가을처럼 적당히 시원한 계절에는 다락방에 틀어박혀서 지내다가 겨울이 되면 시베리아 툰드라의 추위를 피해 안방으로 내려왔다. 당시 이모를 생각하면 나를 무척 귀여워도 했지만, 한편으로는 꽤나 못살게 굴기도 했다. 하루는 나에게 나무 판지와 검정 파스텔이 생겨서 거기다 무엇을 그릴까 고심하고 있었는데 이모가 아주 예쁜 여자 얼굴을 그려주겠다며 가져갔다. 나는 큰 기대를 안고 이모가 하라는 대로 눈을 꼭 감고 기다리고 있었는데 웬걸, 내 눈앞에는 머리를 풀어헤치고 눈은 양옆으로 쭉 찢어진 채 커다란 입을 쩍 벌리고 있는 귀신 형상의 그림이 나타난 것이었다. 이모는 또 할아버지가 날달걀을 드시고 나면 그 빈 껍데기에 '달걀귀신'을 그려서 못에 걸어두기도 했다.

이모 옆에 자면서 꿈을 꿨다. 내 꼬리의 움직임에 따라 수많은 작은 물고기들이 떼를 지어서 헤엄치고 있었다. 내가 방향을 바꾸면 그 물고기들도 방향을 바꾼다. 내가 큰 물고기였던 모양이다. 그런데 헤엄칠 수 있는 공간이 너무나 좁다. 바다가 아닌 것 같다. 나는 순간 너무 답답해서 소리쳤다. "난, 고래!" 고래 꿈을 꾼 것도 소리 지르면서 잠꼬대를 한 일도 여전히 생생하게 떠오른다. "난 고래"라고 외치는 게 하도 웃겨서 옆에 있던 이모는 "나두 고래"라며 덩달아 외쳤다고 한다, 소리치면서 잠에서 깬 나에게 이모는 무슨 잠꼬대를 그렇게 하냐며, 무슨 꿈을 꿨길래 '난 고래'라고 소리를 질렀냐고 물었다.

정말 오랫동안 잊고 있던 '고래가 된 꿈'의 의미가 궁금해졌다. 인터넷으로 찾아보니 길몽이라고 한다. 고래는 큰 바다에서 살아야 할 텐데. 고래의 수명이 평균 55년에서 100년까지도 된다니 인간의 수명과 거의 비슷하다. 나는 그때 이후로 단 한 번도 꿈에서 다시 고래가 된 적은 없었다. 그건 아마도 40여 년 전 이미 고래가 되었기 때문일까? 지금까지 이 고래는 바다라고는 눈 씻고 백번을 다시 떠봐도 볼 수 없는 초(超) 내륙에서 서식하고 있다. 하지만, 이제 더 늦기 전에 슬슬 심해의 먼바다를 찾아 떠나볼까 한다.

1976.
아라비아의 열풍 그리고 신상 神象

뇌리에 각인된 기억의 원형 같은 장면이 있다. 주변에는 아무것도 없고 자갈이 섞인 모래언덕 같은 곳에 한 여자와 남자가 나란히 앉아 있다. 아마도 두 사람은 연인인 듯하다. 갑자기 어디선가 뱀 한 마리가 나타나 여자는 화들짝 놀라 무서움에 떨고 그런 여자를 남자가 위로한다. 다른 한 장면은 구릿빛 얼굴의 남자가 '아기아기 불건 아기'라고 중얼거리며(노래일 수도 있고 어떤 의미인지는 전혀 모르겠다) 어린아이의 겨드랑이를 추켜세워 공중으로 들어 올린다. 코끼리들도 보이고 사람들도 많이 모여 있으며 뭔가 흥겨운 분위기이다.

그림을 그려보라면 그릴 것만 같은, 사진처럼 선명한 이 장면들은 모두 영화에서 비롯된 것이다. 나는 이 장면에 대한 기억을 붙들고 마치 푸아로 경감처럼 나의 '귀여운 회색

뇌세포'를 최대한 작동시켜 두 영화의 제목이 무엇인지 그리고 내 기억이 정확한지 확인하고 싶었다.

우선 연인과 함께 등장했던 한국 영화의 남자주인공 이미지를 떠올려 보았는데, 그는 80년대 '쾌남'이라는 화장품 광고로 유명했던 배우 신일룡과 얼굴이 흡사했다. 그는 어릴 때 일주일에 한 번은 꼭 갔었던 J읍 목욕탕 출입구에 붙어 있던 브로마이드의 주인공이었는데, 꽤 오래 붙어 있던 브로마이드 덕분에 얼굴은 무척 낯이 익었다. 〈영상자료원〉 홈페이지에 가서 배우 신일룡의 필모그래피를 찾아보니, 내가 그 영화를 봤을 나이인 76년도쯤에 그는 〈아라비아의 열풍〉이라는 영화에 출연했었다. 당시에 나를 데리고 영화를 보러 갔던 이모에게 이 사실을 말하니 이모는 눈을 똥그랗게 뜨고 맞는다며, 영화 제목을 들으니 바로 생각이 난다면서 '어떻게 그 영화를 다 기억하고 있냐'며 너무나 놀라워했다. 그리고 내가 기억하는 또 다른 한 장면의 영화 제목은 〈신상〉이었고 〈아라비아의 열풍〉을 먼저 상영한 다음 '동시 상영작'으로 〈신상〉을 상영했다고 한다. 이모는 나를 업고 영화를 보러 갔었고 극장('이문극장?')은 아마도 이문동 시장 근처에 있었던 것 같다고 얘기해 주었다.

이 기억의 퍼즐들이 맞춰지면서 어릴 때 아주 잠깐 살았던 서울 동대문구 이문동 집의 구조, 군대에서 휴가 나왔던 작은삼촌, 밖에서 놀다가 목이 말라 집으로 뛰어 들어왔다가 대접에 담긴 물을 발견하고는 벌컥 들이마셨는데 그게 남동생 오줌이어서 마구 뱉어버렸던 일 등이 연이어 생각났다. 이문동 집 앞에는 꼬맹이들을 태워주는 이동식 '놀이기구'가 거의 매일 왔었는데, 그걸 끌고 다니는 언니는 허리춤에 가방 같은 걸 매고 항상 껌을 씹고 있었다. 이문동에서 얼마 동안이나 살았었는지는 잘 기억나지 않지만 어쨌든 초등학교 입학 전에 J읍으로 이사를 왔다. 시골 양반들은 어린애의 마음 따위는 하찮게 생각하는 경향이 있고 또 약간 지독한 구석이 있어서, 어린 내가 끝내 대답을 못하고 울먹일 때까지 질문을 해댔다. 아빠는 어디 가셨냐? 언제 오냐? 왜 안 오냐? 돈은 보내주냐? 급기야는 거기서 다른 여자랑 결혼한 거 아니냐? 이런 질문에 나는 엄마가 일러준 대로 '사우디에 갔다'고 대답하곤 했다.

나에게 '사우디아라비아', 열사熱沙의 땅인 그곳은 실제로 존재하는 곳이라기보다는 〈아라비안나이트〉의 신드바드와 알리바바가 모험을 펼치는 판타지 공간에 가까웠다. 나에게 요술램프만 있다면 혹은 멍청한 '40인의 도둑들'이 숨겨 놓은 보물의 동굴을 발견할 수만 있다면 얼마나 좋겠냐는 생각을 늘 하고 살았다. 이런 나를 누구든 '요술반지'로 꾀어내는 일은 그리 어렵지 않았을 것이다. 그 모든 문제를 일시에 해결해 줄 수 있는 유일한 존재가, 모든 소원을 들어줄 수 있는 그 무엇이 그때는 나에게 너무도 간절했다. 아라비아에서부터 불어오는 열풍은 그렇게 내가 열망하는 것들에 대해 나의 결핍들을 더욱 달아오르게 했다.

어린 산보자,
읍내를 거닐다

산보 1.

내가 다니던 초등학교와 이사 간 집은 J읍 거의 양쪽 끝에 자리 잡고 있었다. 초등학생이 걷기엔 무리인 거리였지만, 엄마는 나와 동생을 전학시키지 않았다. 아마도 내가 친구들과 헤어지기 싫어했고 엄마가 보기에도 낯선 학교에 가서 적응하기가 쉽지 않아 보였기 때문인 듯하다.

지금의 내가 걸어도 30~40분은 족히 걸릴 정도의 거리를 동생과 나는 거의 6년 동안 걸어 다녔다. 저학년 때는 늘상 지각을 했고 눈이나 비가 오는 날이면 1교시 시작할 무렵이 되어서야 학교에 도착했다. 학교에 가는 아이들이 더는 보이지 않는 거리를 걷고 있자면 불안한 마음이 가득해진다. 그러다 우릴 본 누군가 '어째 학교를 저렇게 늦게 가나', '지각이네' 하는 말이라도 하면 발걸음이 빨라지면서 괜히 옆에 있는 동생을 채근하곤 했다.

고학년이 돼서는 보폭도 넓어지고 가끔 자전거를 이용하기도 해서 더는 학교에 늦는 일은 없어졌지만, 물리적 통학 거리는 변함이 없었다. 아침 시간이야 언제나 분주해서, 주위에 시선 둘 만한 여유가 없었지만, 오후에 학교를 파하고 집으로 돌아오는 길에는 오만가지에 참견할 정도로 마음에 여유가 있었다. 그래서 그 먼 통학 거리를 다니는 동안 심심했던 기억이 별로 없다. 때로는 친구가 먼 나의 외딴집까지 동행해 주기도 하고, 그러면 나는 책가방을 마루에 던져두고는 다시 친구를 배웅해 주느라 집을 나섰다. 친구는 다시 나를 데려다주고… 지금 생각하면 그때 그 꼬맹이들이 참 사랑스럽게 느껴진다. 학교에서 바로 집으로 오지 않고, 친구네 집에 모여 마루에 배를 죽 깔고 엎드려 누가 더 빨리 숙제를 끝내나 시합이라도 하듯이 '가열차게' 공책을 메워 간다. 숙제를 다 끝내고 한바탕 뛰어놀다가 배가 고플 즈음 집으로 오기도 했고 또 5일장이 서는 날이면 이곳저곳 사방팔방 참견을 하면서 일부러 시장을 통과해 빙빙 돌아서 집으로 오곤 했다.

장도 서지 않고 동행해 주는 친구도 없고 친구네 집에서의 숙제 약속도 없을 때는 집까지 가는 동안의 무료한 시간을 견딜 나름의 준비를 해야만 했다. 모든 일에 시작이 중요하듯이 출발 지점에서부터 준비를 잘해야 한다. 물론 이것은 주머니 속에 몇백 원이라도 있어야 가능하다. 학교 앞 구멍가게는 그야말로 없는 게 없다. 얼마 안 되는 돈으로도 살 수 있는 게 많았고, 그것만으로도 꽤 긴 시간 동안 행복할 수 있었다. 가게에는 밖에까지 천막이 넓게 쳐 있었고 거기에는 아이들이 쫀드기나 어포 같은 것을 구워 먹을 수 있게 연탄난로를 갖추어 놓았다. 또 한쪽에는 '뽑기' 전용 코너가 마련되어 있었는데, 진열된 '뽑기 상품'은 어린이들의 물욕을 꽤나 자극해서 코 묻은 돈을 탕진하게도 했는데 실제로 그 상품을 손에 넣었다는 어린이는 본 적도 들은 적도 없었다. 나 또한 늘 '꽝'이거나 변변치 못한 것만 손에 넣었다.

문턱을 넘어서 가게 안쪽으로 들어서면 우리들의 무릎 정도 높이에 나무로 된 커다란 좌판이 놓여 있었다. 그리고 그 위에는 백열등 전구 불빛까지 받아 더욱 영롱한 빛깔을 뽐내는 갖가지 맛있는 것들이 진열되어 있었는데, 난 이것만 생각하면 북유럽 동화집에 실려 있던 〈게으름뱅이 천국의 나라〉 삽화가 떠올랐다. 온갖 진귀한 물건들이 주렁주렁 매달려 있던 숲속 커다란 나무 그림은 게으름뱅이들을 위한 천국이 어떤 모습일지 충분히 상상할 수 있게 했다. 코흘리개들의 주머니에 들어있던 돈은 한정되어 있고 먹고 싶은 건 언제나 많았기에 우리는 늘 그 좌판 앞에서 고민만 거듭하며 선뜻 물건을 선택하지 못했다. 한꺼번에 들이닥친 아이들로 가게 안은 금세 발 디딜 틈도 없이 복잡해지고 주인 아줌마 아저씨는 빨리빨리 고르라며 재촉하고 그야말로 북새통이 되어버린다. 그러다 보면 아직도 고민 중인 아이들 그리고 가게 안으로 막 들어온 아이들이 한 데 뒤섞이게 되었다. 가게 안에서는 '여기요 저기요' '돈을 냈네, 안 냈네' '줬네, 못 받았네' 돈부터 낸 아이, 물건부터 짚는 아이 등등이 일으키는 소소한 분쟁들이 일어나곤 했었다.

내 주머니에 백 원짜리 동전 한 개라도 있어야 기꺼이 이런 행복한 북새통 대열에 끼일 수 있지만, 한 푼도 없는 날엔 학교 앞 가게를 그냥 지나쳐야만 했다. 하지만 가끔은 운이 좋게도 친구가 사주는 것을 얻어먹을 때도 있었고 또 대개는 아침에 문 앞에서 좀 버티고 있으면 식구 중 누구에게

서든 백 원짜리 동전 한두 개는 받아낼 수 있었다. 갈 길이 멀었기 때문에 맛보다는 양을 따져서 십 원에 열 개인 강낭콩같이 생긴 갈색의 질깃질깃한 과자, 한 개에 십 원씩 하는 쫀드기 서너 개, 약간 비릿한 냄새가 나는 어포 몇 개 또 어쩌다 돈이 좀 있는 날이면 '오뎅 과자'까지 사면 세상 부러울 게 없다. 여기에 책가방 안에 만화책까지 있으면 한없이 평안해지는 안정감까지도 획득하게 된다. 주머니에 손이 수시로 들락날락하면서 과자를 입에 넣는다. 입은 씹느라 쉴 틈이 없다.

산보 2.

긴 여정을 즐길 준비를 마치고 학교 앞 가게를 나오면 오른쪽으로 나 있는 꽤 긴 비탈길이 있었다. 비가 오는 날이면 이 길은 완전히 진창길로 바뀌는데, 그럴 때면 가장자리 풀이 나 있는 곳을 따라 조심조심 걸어 내려가곤 했다. 하지만 뻘건 진흙이 신발에 들러붙어 그 무게로 발을 떼기도 힘들 지경에 이르러 옴짝달싹 못 하는 수도 있었다. 그러다가 양말 신은 발만 쏙 빠져서 진흙을 헛디디기도 했는데 이렇게 되면 이제 거의 반 포기 상태로 신발은 손에 들고 맨발로 그 길을 내려가는 것이다.

그렇게 비탈길을 내려오다가 거의 끝에 다다르면 왼편에 커다란 둠벙(웅덩이)이 있었다. 검푸른 색의 물은 둠벙의 깊이를 전혀 가늠할 수 없게 했고, 주변에는 가시가 있는 아카시아가 빽빽하게 둘러싸여 있어서 가까이 갈 수도 없었다. 사실 여부를 확인할 길은 없었지만, 아이들 사이에 돌았던 '사람이 빠져 죽었다는 소문'은 우리를 더욱 공포에 떨게 했다. 그래서 '밤에 그 근처를 가면 안 된다'라거나 '가까이 가면 둠벙 속으로 빨려 들어가게 된다'는 등의 괴담이 새롭게 만들어지기도 했다.

어느 날인가, 아마도 무척 가물었을 때가 아닌가 싶다. 주변의 논에 물을 대기 위해서 둠벙에 있던 물을 양수기로 퍼 올리면서 검푸른 물속에 감춰졌던 바닥이 드러났다. 우리를 공포에 떨게 했던 시체 같은 건 눈 씻고 찾아봐도 없었고 나뭇가지며 라면 봉지 같은 것들만 진흙 바닥에 있고 깊이도 생각보다 얕았다. 그때는 워낙 "빨간 휴지 줄까, 파란 휴지 줄까"라며 '휴지 선택'을 강요하는 학교 화장실 귀신, 밤마다 눈을 뜬다는 이순신 장군 동상에 관한 괴이한 이야기들이 우리들 사이에서 흉흉하게 돌았고 그래서였는지 모이면 주로 그런 종류의 이야기들을 화제로 삼아 속닥거리곤 했다.

둠벙을 지나 좁은 논둑길을 걷다 보면 기와를 얹은 작은 집이 있었는데 그것을 상엿집이라고 불렀다. 당시 상여를 보는 것이 드문 일은 아니었다. 할아버지가 돌아가셨을 때도 그랬고 가끔은 동네에서 볼 수 있는 것임에도 불구하고 종이꽃들로 지나치게 화려하게 꾸며진 상여는 현실적이지 않았다. 그 집 가까이 다가가기도 전에 다리에 힘부터 빠졌고 그다음에는 다리에 힘이 꽉 쥐어지면서 아무리 빨리 지나가려고 해도 발이 제자리에 붙어 있는 것만 같이 움직이지를 못했다. 그 안을 들여다본다는 건 언감생심이었고 간신히 그곳을 지나 조금 더 걸으면 언덕배기가 나온다. 물론 다른 길로 가면 읍내 중심가에 힘들지 않게 다다를 수 있었지만, 나와 친구들은 구태여 힘든 길들만 골라서 다녔다.

그 언덕 꼭대기에는 '전도관'이 있었다. 그 당시 나는 전도관이 뭔지 몰랐고 어른들이 그렇게 부르니 그런 줄 알았다. 이모 말로는 젊은 남자가 큰 개를 키우면서 아이들에게 공부랑 탁구도 가르쳐 주었다고 한다. 그러나 내가 그 언덕배기를 지나다니면서 보았던 전도관 건물은 을씨년스럽게만 느껴졌고 주변의 붉은 빛의 황토와 무덤들 그리고 회색빛이 감도는 전도관의 흰색 건물은 묘하게 조화를 이루어 이국적인 분위기를 자아냈었다. 그때 친구를 따라 열심히 전도관에 다녔다던 이모의 기억을 따르면, 탁구클럽에는 예쁘고 공부 잘하는 애들만 들어갈 수 있어서 본인은 낄 수가 없었고 나중에는 사람도 없이 폐허같이 변해서 키 큰 남자 혼자서 개하고 살았다고 한다. 그때 전도관에서 이모가 불렀던 노래는 흡사 개화기 때 불리었던 창가가사와 비슷하다.

"천령산 거룩한 산 들어가려고 오늘도 무여왔네.
어린 동무여~
어린 동무여 사랑과 한평생은 감람이래요. 감람나무 양지쪽에
귀엽게 자라세"

그 언덕을 지나 비탈길을 내려오면 읍내 시장통으로 들어

서게 된다. 시장은 장날이나 되어야 볼 게 있긴 했지만, 나중에 '한남체인'이라는 규모가 꽤 큰 슈퍼마켓 체인도 들어서고 해서 늘 사람들로 북적였다. 시장통을 지나면 이 동네의 문화 일번지인 '제일극장'에 도착하게 된다. 극장 옆에는 나 같은 조무래기들은 섣사리 출입하기 어려운, 언니 오빠들의 아지트인 '해태의 집'이 있었다. 그때 어린이 영화 관람료가 300원 정도였는데 당시로서는 꽤 큰 돈이어서 극장에 자주 갈 수는 없었다. 쫀드기를 물어뜯으며 극장 주변을 어슬렁거리면서 극장 앞 입간판에 붙어 있는 포스터나 스틸사진들을 구경했다. 지금도 기억나는 포스터가 몇 개 있는데, 무슨 뜻인지 도무지 알 수가 없던 '카수 영애'라는 작은 글씨가 쓰여 있던 〈어둠의 자식들〉과 〈앵무새 온몸으로 울었다〉, 만화영화로는 〈날아라 캐시〉 그리고 대형 가위가 그려져 있던 〈버닝〉, 강아지가 등장했던 〈벤지〉 정도가 있다. 그때는 동시상영을 했는데, 어린이 영화를 보러 갔다가 동시상영으로 숀 코너리가 등장하는 〈007 네버 세이 네버 어게인〉을 보았던 기억이 생생하다.

아쉬운 마음을 뒤로 하고 극장을 지나 터미널 쪽으로 가다 보면, 당시 J읍에서는 보기 드문 고급 슈퍼마켓 세 개가 나란히 나타난다. 다른 두 곳 이름은 기억이 안 나고 할머니와 같은 천주교회를 다니던 분이 주인이었던 '금성상회'만 그 이름이 기억나는데, 내 '로망의 슈퍼마켓'은 금성상회 옆 가게였다. 높은 선반에 놓여 있던 남색의 둥그런 깡통, 한 번도 본 적 없는 쿠키가 그려진 틴 박스는 내 손이 닿을 수 없는 저 높은 곳에 있었다. 누가 저런 걸 살 수 있나 생각해 보았었는데, 나중에 약국을 운영하던 친구네 집에 가보니 그 상자가 있었다.

슈퍼마켓에서 큰길 사거리 쪽으로 좀 걸으면 중국집 '복성원'과 '태화장'이 나온다. 사실 태화장이 있기 전에는 '장수제과'였는데 나중에 그 제과점은 없어지고 '태화장'이 들어섰다. 두 가게는 모두 화교들이 운영하고 있었는데, 특히 복성원 짜장면 맛은 서울에서도 알아준다고 해서 외지에서도 사람들이 많이 찾아왔었다고 한다. 또 이곳에는 '명보장'이란 중국집도 있었는데, 키도 크고 얼굴도 길었던 화교 아저씨가 무척 친절했고, 나중에 그 아저씨 아들이 홍콩에서 모델 일을 하고 있다는 소문이 있었다. 어느 날인가 그 아들 얼굴을 직접 보게 되었는데, 속으로 가수 함중아와 무척 닮았다고 생각했다. 엄마는 우리를 일요일마다 목욕탕에 데려갔고 때를 밀고 뽀얘진 얼굴을 하고 반드시 들르는 곳이 그 두 군데 중 하나였는데 당시에는 주로 '명보장'에 가곤 했다. 그때의 짜장면은 색이 까맣고 맛도 단맛보다는 짭짤하고 고소했다.

'복성원' 바로 옆 '장수제과'는 J읍의 유일한 최고급 빵집이었다. 어느날 길에서 우연히 만난 성당의 교회학교 선생님은 나를 그곳에 데려가, 먹고 싶다는 대로 빵을 사주었다. 그 선생님은 내가 자기를 볼 때마다 하도 반갑게 인사를 해서 언제고 맛있는 빵을 꼭 한번 사줘야겠다고 마음먹었다고 했다. 나중에 그분이 수녀가 되었다는 이야기를 들었는데, 이제는 영영 다시 만날 수 없을 것 같다는 생각에 무척 슬퍼했던 기억이 있다.

제과점을 지나 코너를 돌아서면 '만길상회'가 있다. 이 건물은 지금도 J읍 정중앙 사거리에 건재한데, 현재는 꽃집으로 바뀌어 있다. '판타지아랜드'는 그야말로 나를 비롯한 조무래기들에겐 환상적인 곳이었다. 우리는 자주 쇼윈도에 코를 박고 유리창 너머에 진열되어 있던 물건들을 들여다보았다. 읍내에선 보기 드문 백화점식 잡화점이어서, 어린이를 위한 장난감에서부터 성인들을 위한 잡화들까지 없는 게 없었다. 종이 인형, 구슬, 딱지, 가짜 돈과 통장이 들어있는 은행놀이 세트, 주사위 놀이까지 우리가 갖고 싶은 건 거기에 다 있었다.

'만길상회' 건너 오락실을 지나 계속 걷다 보면 닭 튀기는 기름 냄새가 고소한 '켄터키 후라이드 치킨집'이 있다. 당시 튀김 닭은 적어도 지방 소읍에서는 흔하게 먹을 수 있는 음식은 아니었다. 얼마 전에 한 방송에서 프라이드 치킨이 흑인들의 소울푸드였다는 것을 들어서 알게 되었는데, 그때 나는 '켄터키'와 '후라이드' 그리고 '치킨'이라는 말들의 조합이 생소했고 복잡하게 느껴졌다. 다만 〈톰 아저씨의 오두막〉에서 보았던 켄터키가 저 미국이라는 나라의 어디쯤이라는 생각에 막연하게 튀김 닭은 미국 음식이겠거니 여겼다. 이 치킨집을 지나 조금만 걸으면 우리들의 흥미를 확 끌어당기는 가게가 하나 나타난다.

간판에는 '생사탕'이라는 글씨가 적혀있었고 술과 뱀이 담겨 있는 타원형의 긴 유리병들과 달걀이라고 하기에는 그 크기가 좀 작은 흰색 알이 담긴 유리병도 함께 진열장에 전시되어 있었다. 징그럽고 무섭기도 해서 그 진열대를 똑바로 본 기억은 없지만, 항상 그 근처만 가면 발걸음이 느려

지고 기웃거리게 되었다. 어떤 때는 땅꾼 아저씨들이 가게 앞에서 자루 속에 엉켜 있는 뱀들을 꺼내 나무 궤짝 안에 넣는 것을 볼 때가 있는데, 그 장면은 진짜 진저리를 칠 정도로 무섭고 끔찍했다. 까만 얼굴에 곰보 자국이 있던 주인아저씨는 무표정한 얼굴로 그 뱀들을 아무렇지도 않게 다루었다. 사실 굳이 이 길을 통과해야 집으로 갈 수 있었던 것은 아니었지만 호기심은 그 두려움을 이겨내게 했다.

'뱀탕' 집을 지나 쌀가게, 몇 개의 대포 집을 지나면 주유소가 있고 단 한 번도 친절한 적 없는 할아버지와 할머니가 경영하는 구멍가게 그리고 정미소를 지나게 된다. 이제 멀리 보였던 불란서 양옥집의 파란 지붕이 조금 가깝게 보이기 시작한다. 집으로 돌아오는 길은 멀었고 어린 나는 매일 그 길에서 재미있는 것들을 찾느라 분주했다. 학교 앞 가게에서 샀던 주전부리들은 집에 도착하기도 훨씬 전에 사라진 지 오래고 갑자기 피로감을 느낀 나는 집에 도착하자마자 잠이 든다. 그러다 초저녁에 깨 그다음 날 아침인 줄 알고 기겁하며 숙제도 못 했다며 울음을 터뜨렸다. 상황을 알게 된 뒤에 느낀 안도감이라니, 말로 다 할 수 없을 정도의 평화로움이란 이런 느낌일까?

매일 같은 길을 걸어도 늘 재미있고 새로운 것을 찾아 두리번거렸다. 당시 J읍에는 두 개의 초등학교가 있었는데 우리 학교 별명은 '짠지(김치) 학교'였고 다른 학교는 '그지(거지) 학교'였다. 기본적으로도 두 학교는 사이가 좋지는 않았는데 더군다나 우리 학교 입장에서 '그지 학교'와 같은 날 소풍이나 운동회를 하게 되면 꼭 비가 와서 서로 만나면 감정이 그다지 좋지는 않았다. 믿거나 말거나이지만 '그지 학교'에서 무슨 행사만 했다 하면 비가 내린 이유가, 옛날에 강당을 지을 때 뱀이 한 마리 나왔는데 그만 인부들이 죽여 버린 뱀이 '이무기'였기 때문이라고 했다. 전설처럼 내려오는 이 이야기를 믿는 사람은 별로 없었던 것 같지만 어느 해인가는 정말 무슨 행사만 하면 비가 오기는 왔었다.

사이가 좋지 않은 이웃 학교였지만 아주 가끔은 새로 나왔다는 희귀한 종이 인형을 사기 위해 위험을 무릅쓰고 그 학교 앞에 있는 가게까지 원정을 가기도 했고, 그러다가 뜻하지 않게 그 학교 아이들과 시비가 붙어 싸움이 일어나기도 했다. 아마도 적(?)들의 소굴로 간주되던 이 학교까지 가는 것이 내 산보散步의 최대치였던 것 같다.

뒤죽박죽 외딴집,
불란서 양옥에 도착하다

파란 지붕의 불란서佛蘭西 양옥집은 읍내 중심에서 완전히 뚝 떨어진 곳에 지어졌다. 할아버지는 오랫동안 병을 앓다가 세상을 뜨셨는데, 아프기 전부터 짓기 시작한 집이 완성된 것은 보지 못하고 돌아가셨다. 할아버지를 태운 상여는 시멘트벽돌로 골조가 거의 완성된 집에 잠시 머물다 장지로 떠났다.

이 집에서는 78년도에 할아버지가 세상을 떠나고 그 이듬해인 79년도부터 '도시계획'으로 인해 집이 헐리기 전인 중학교 2학년 때까지 살았다. 집에서 불과 사오미터도 안 되는 곳에 철로가 있었고 (물론) 밤낮으로 기차가 달렸다. 마당에서 친구들과 놀다가도 화물기차가 지나가면 기관사 아저씨에게, 객차가 지나가면 열차에 탄 사람들에게 손을 흔들어 주었다. 또 그때는 기차 안이 아니라 열차 발판에 나와 양팔로 손잡이를 잡고 서서 속도감과 바람을 온몸으로 느끼고 싶어 하는 사람들이 있었다. 그들의 환하게 웃는 얼굴을 똑똑히 확인할 수 있을 정도로 기차와 우리 집은 가까웠다. 할아버지는 도대체 무슨 생각으로 이곳에 살 집을 지었을까? 도무지 이해할 수가 없었지만, 또 살다보니 그럭저럭 굉음 같은 기차 소리에도 무뎌질 수 있다는 사실을 알게 되었다.

나중에 알게 된 사실이었지만 몇 년 뒤 J읍 역사驛舍가 다른 곳으로 이전하면서 우리 집 옆에 길게 나 있던 철로는 철거되었고 그 후 얼마 있다가 '파란색 지붕의 불란서 양옥'도 영원히 사라지게 되었다.

이 집은 할아버지의 오랜 친구 연대목 씨가 맡아서 지었는데 그는 양옥을 한 번도 지어본 적이 없는 분이었다. 친구의 부탁이어서 거절을 못 했던 것인지 아니면 돈을 벌어볼 요량으로 수락을 한 것인지는 모르겠지만, 완성된 집은 그야말로 '뒤죽박죽 카오스' 그 자체였다. 입식 부엌은 만들었지만 수도연결은 안 해서 싱크대를 사용할 수 없었고, 수세식 변기는 목욕탕 안에 약간 높게 턱을 만들어 그 위에 올려놓았지만 정화조를 설치하지 않아서, 볼일을 보면 뒷마당으로 똥이고 오줌이고 다 흘러나왔다. 당시 삼촌은 작은 규모의 보드 블럭과 담장 공장을 운영했는데, 워낙 손으로 만드는 건 무엇이든 잘해서 마당 한 귀퉁이에 '푸세식' 화장실을 근사하게 만들었고 목욕탕 안 변기 자리에는 커다란 붉은 대야가 물받이용으로 놓이게 되었다.

 이처럼 생활하는 데 필수적인 요소들은 엉망인 데 비해 집의 외양은 그럴듯했다. 일단 각 방의 창이 무척 컸고 현관은 아치형으로 흰색과 검은색의 작은 타일들이 붙어 있었다. 아치형의 현관 옆에는 어른 허리 높이의 테라스가 있었고 커다란 마루를 중간에 두고 앞·뒤쪽에 커다란 창이 있었다. 집 전면에는 기둥처럼 돌출된 부분에 붉은색의 직사각형 타일을 붙였고 다른 벽면에는 거칠거칠한 돌 질감의 회색 타일을 붙였다. 거실 마루가 지나치게 넓었는데 앞·뒤쪽의 큰 창 덕분에 여름엔 시원했지만, 겨울에는 시베리아 벌판과 다를 바가 없었다. 큰 창도 창이지만 보일러가 설치되지 않아서 마루 아래는 빈 공간으로 되어있는 옛날 한

옥의 대청마루와 똑같았다. 이 집에서 그냥 살다가는 모두 얼어 죽을 판이어서 이번에도 또 솜씨 좋은 삼촌이 각 방에 구들을 깔고 불을 땔 수 있게 부뚜막에 아궁이도 만들었다. 땔감은 앞집 제재소에서 가져다 썼는데, 이 집 뒤쪽의 꽤 넓은 공터가 있어서 그 땅을 제재소에 빌려주는 조건으로 땔나무는 무한정으로 가져다 쓸 수 있었다.

불란서 양옥이 모두 우리 집처럼 엉망이진 않았을 텐데, 밖에서 보면 집이 꼭 2층처럼 보였지만 실제로 그곳으로 올라갈 방법은 전혀 없었다. 쥐들만 활개를 치고 드나들 수 있었다. 쥐들이 천장에서 질주해 댈 때면 소싯적에 금강산까지 장사를 다녔다는 증조할머니는 먼저 보낸 아들, 내 할아버지가 떠오르는지 '머리 위에서 쥐들이 돌아다니면 골 아픈 일이 많다'면서 근심 어린 표정을 짓기도 했다.

설상가상으로 전기연결도 안 되어 있었고 읍사무소에 얘기를 해도 전봇대를 세워야 한다는 둥 바로 설치가 어렵다 해서 한동안 '호야 등'을 켜고 살았다. 한밤중에는 배가 아파도 삼촌이 만든 변소에는 절대 못 갔다. 삼촌은 변소 저 아래를 아주 넓고 깊게 파서 어느 날 '00 위생사'에서 똥차로 긴 시간 오물을 퍼내고 나면 변소 안에서는 목소리가 울리기도 했다. 한밤중 컴컴한 변소 안으로 들어간다는 것은 엄청난 용기가 필요했기 때문에 어쩔 수 없이 할머니를 깨워 달빛이 훤한 마당에서 볼일을 시원히 보곤 했다. 다 눴냐고 묻는 할머니에게 엉덩이를 들이대면 "지름 발렀네!"라는 간단명료한 말로 상황이 종료되곤 했다. 그때는 변비라는 건 모르고 살았다.

그래도 할아버지가 남겨 준, 남들 보기에는 멀쩡한 불란서佛蘭西 집과 땅이 있어 집 걱정은 안 하고 살 수 있었다. 하지만 진짜 문제는 따로 있었는데 연대목 씨는 아치형 출입구며 빨간 벽돌 기둥을 만드느라 애초의 평수보다 건축 면적이 늘었다며 돈을 더 요구했다. 오랫동안 아프다가 돌아가신 할아버지 병원비며 또 그때 진 빚을 갚느라 달랑 이 집 하나만 남았는데, 살아계실 때 완불한 집값을 난데없이 더 내놓으라고 하니 외갓집 식구들은 당장에 어떻게 할 방법이 없어 넋을 놓고만 있었다.

그러던 어느 날 약간 직급이 높은 공무원이었던 먼 친척의 도움으로 연대목 씨 입회하에 관에서 나와 측량을 다시 했다. 기사는 평수는 기둥이나 아치형 출입구를 기준으로 하는 것이 아니라 문설주로 재는 것이라며 모인 사람들 앞에서 시범을 보였다. 그래서 결론은 애초의 평수대로 지어서 돈을 더 낼 필요는 없다는 것이다. 다행히 문제는 해결이 되었지만, 할아버지가 살아계실 때 오랫동안 친분을 유지했던 인간관계는 깨지게 되었다.

지금에 와서 아무리 백 번을 고쳐 다시 생각해 봐도 기찻길 옆에 자신과 가족들이 살 집을 짓는다는 건 도대체 이해하기 어려운 일이다. 기차가 내달릴 때의 굉음과 깊은 밤 창문을 뚫고 들어오는 그 환한 헤드라이트 불빛과 함께 이 집에서의 스펙터클한 일상이 시작되었다.

기찻길 옆,
불란서 양옥집의 고래는 잘도 잤다

 나는 학교가 끝나면 친구들과 함께 들고양이처럼 들로 산으로 냇가로 쏘다니는 게 일이었다. 맨날 무슨 탐험을 한다는 것인지, 배가 고파지면 그제야 집으로 향했다. 동화책 〈에밀과 탐정〉에서 에밀보다 탐정인 구스타프가 훨씬 맘에 들었다. 밤낮으로 천지를 개벽하며 굉음을 울리며 달리는 기차 소리도 들로 산으로 쏘다녀 지쳐 잠든 나의 잠을 깨우지는 못했다.

 기찻길 옆에 바싹 붙여서 지은 불란서 양옥집이 있다. 오막살이는 아니었지만 낮이나 밤이나 지축을 울리며 내달리는 기차 때문에 언제부터인가 우리 집 벽에는 금이 가기 시작했다. 모두 잠든 깜깜한 밤에도 기차는 달렸다. 커다란 창문을 통해 방안을 환히 비추던 열차의 전조등은 내가 즐겨 보던 〈환상특급〉 속의 그 열차 불빛과 똑같았다. 플랫폼으로 변한 우리 집 앞에 기차가 멈추고 망토가 달린 코트를 입고 머리에는 실크 햇을 쓴, 한 손에는 트렁크를 들고 입에는 담배 파이프를 문 그 누군가가 내릴 것만 같았다. 우리 식구들 가운데 누구도 기차 소리 때문에 잠을 설치지는 않았다. 어른들은 어른들대로, 아이들은 아이들대로 삶이 고단했으니까 잘 잤다.

기차가 지나갈 때 말을 하면 당연히 잘 안 들린다. 특히 가는 귀가 먹은 증조할머니는 평상시에도 잘 못 들었기 때문에, 할머니에게는 기차가 지나갈 땐 어지간해서는 말을 걸지 않았다. 안방에 다들 둘러앉아 밥을 먹으면서 이야기를 하다가 빠아아앙 기차 기적소리가 들리기 시작하면 하던 말을 멈추거나 아니면 더 크게 소리를 지르듯이 말하는데 이 장면이 너무 웃겼다. 표정과 내용의 불일치는 흡사 코미디 무성 영화의 한 장면처럼 과장된 제스처로 재현되어 기차가 다 지나가고 고요가 찾아왔을 때면 그런 행동을 한 당사자를 머쓱하게 만들었다.

기차는 제재소와 우리 집 사이의 왕복 2차선 도로를 가로 질렀기 때문에 지나다니는 자동차들을 차단하기 위해 우리 집에서 약 200미터 떨어진 곳에 건널목이 있었다. 건널목에는 작은 초소가 있고 초소 바로 옆에 커다란 버드나무가 가지를 축축 늘어뜨리고 있었다. 그곳에는 세상 할 일 없어 보이는 아저씨 두 분이 근무하고 있었는데 나와 동생에게 참 다정하게 대했다. 한 사람은 살집이 약간 있었는데 유명한 코미디언 구봉서 씨를 살짝 닮아서 우리끼리 있을 때는 구봉서 아저씨라고 불렀다. 다른 한 사람은 동글동글한 얼굴에 머리가 살짝 벗겨졌고 안경을 썼다. 아저씨들의 주요 임무는 열차가 오는 신호를 받으면 건널목의 차단기를 내려 자동차나 사람들의 통행을 막는 것이었다. 기찻길은 위험하긴 했지만 그 주변에서 노는 것은 재미있었다. 한번은 동생과 철길을 따라 한참 걷다가 흰색의 반짝반짝하는 돌을 주웠다. 주먹만 한 크기였는데, 흰색의 투명한 돌 표면에 햇빛이 부딪혀 눈이 시릴 정도였다. 우리는 정말 대단한 것을 발견이라도 한 것처럼 성공한 탐험가의 표정을 하고는 집으로 돌아왔다. 그리고 건널목 아저씨들에게 우리가 주운 돌을 자랑했다. 동글동글하고 대머리가 살짝 벗겨진 아저씨는 그 돌을 자기에게 달라면서, 나와 동생에게 아이스크림

사 먹을 돈을 몇백 원 주었다. 왠지 돌을 그냥 그렇게 넘기기는 섭섭했지만 우린 아이스크림의 유혹에 넘어갔다.

역사(驛舍)가 이전하면서 건널목도 사라지고 기차도 더는 다니지 않았다. 집 외벽의 금도 갈라지지 않았고 기차를 탄 사람들에게 손을 흔들어 주는 즐거움도 더는 누릴 수가 없었다. 달리는 기차의 기적소리와 굉음이 오히려 그리울 정도였다. 무엇보다 아쉬웠던 것은 더는 한밤의 '환상특급' 열차를 상상할 수 없게 되었다는 것이다. 달리는 기차와 그 안에 탄 사람들을 보면서 다들 어디를 가고 있는 거지? 궁금했다. 이 철로는 어디까지 이어져 있을까? 기차가 더는 다니지 않게 되었을 때가 되어서야 나는 친구와 함께 철길을 따라 모험을 떠났다. 햇볕에 달궈진 철로와 그 주변 자갈은 너무 뜨거웠고 얼굴도 벌겋게 달아올랐지만 계속해서 걸었다. 친구와 나는 굵은 쇠못도 몇 개 주웠다. 얼마쯤 지났을까. 주변이 너무나 한적해서 갑자기 무서운 생각이 들었다. 가도 가도 기찻길의 끝은 보이지 않고 이렇게 가다가는 돌아가는 것도 어려울 것 같다는 생각에 덜컥 겁이 나서 다시 집으로 향했다.

내달리는 기차가 사라지고 뭔가 내 인생의 스펙터클한

한 시기가 끝났다는 생각이 들었는지 중학생이 되고부터는 쏘다니지도 않고 팝송이니 소설책에 빠져 괜히 심각한 척해 보이고 싶어 했다. 나중에 안 사실이지만 불란서 양옥집과 집 뒤 공터 600평은 도시계획에 포함되어 헐값에 정부로 넘어가게 되었다. 그리고 우리는 그 보상금으로 85년도쯤 읍내에 막 지어지기 시작한 2층 연립주택으로 이사를 가게 되었다. 이사와 함께 야생마처럼 날뛰던 나의 유년시절은 막이 내렸고 요절 작가들에게 심취했던 세상 고민 많고 멜랑콜리한 청소년의 삶으로 진입하게 되었다.

1978.
크로바 가방과 만화 손목시계

천주교회의 부설 유치원을 다니기는 했는데 결석을 많이 해서 졸업은 못 했다. 초등학교 1학년에 입학하고 보니 나랑 유치원을 함께 다녔던 아이들은 대부분 2학년이 되어있었다. 걔들하고는 친구도 아니고 언니 동생도 아닌 어정쩡한 관계가 되었지만 나는 그런대로 학교생활에 적응은 잘했던 것 같다. 담임선생님께서는 주로 칭찬하는 방식으로 우리를 가르치셨는데, 필기를 다 하고 나서도 떠들지 않고 앉은 채로 차렷 자세를 하고 있다든가 하면 분홍색 색도화지에 '참 잘했어요'라는 도장이 찍힌 표를 주곤 했다. 그리고 하얀 불투명 플라스틱 통에서 과자 '사브레'를 꺼내어 그 표를 많이 받은 아이들에게 선물로 주셨다.

2차 베이비붐 세대답게 교실에는 아이들이 많았다. 입학

첫날이었던가? 엄마들은 교실 뒤편에 서서 우리가 수업받는 모습을 보고 있었다. 이렇게 '국민'이 되기 위해 받아야 하는 제도교육에 첫발을 내딛게 되었고 이후로도 아주 오랫동안 '가방끈을 최대한 늘리며' 학교에 다니게 되었다. '가방끈 늘리는 데는' 책가방이 필수다. 초등학교 입학할 때만을 제외하고 중등 그리고 고등으로 갈 때마다 나는 고심하면서 책가방을 골랐다. 중학교 때는 분홍색 '푸마' 그리고 고등학교 때는 요즈음 차콜이라고 부르는 먹색의 '프로스펙스' 가방을 선택했다. 하지만 뭐니 뭐니해도 내 인생 첫 책가방은 빨간색의 '크로바 가방'이었다. 덮개가 가방 전면을 거의 다 뒤덮는 형태였는데 가방을 펼치면 시간표와 연필을 꽂을 수 있게 되어있고 전면에는 베레모를 쓰고 방긋 웃는 여자아이의 얼굴과 꽃들이 그려져 있었다. 칠해진 색들도 무척 화려했고 '크로바 가방'임을 입증하는 초록색 네잎클로버 마크가 있었다. 사실 J읍에는 아니 적어도 그때 내가 다니던 학교에는 그렇게 예쁜 가방을 들고 다니는 아이들은 아무도 없었을 것이다. 엄마는 가방을 서울 남대문시장까지 가서 사 왔고 가방만이 아니라 노란 병아리의 두 발이 초침과 분침을 가리키는 '만화 시계'까지 입학선물로 준비를 한 것이다. 나는 기대에 부응이라도 하듯이 '참 잘했어요' 딱지도 많이 받고 글씨를 똑바로 잘 쓴다는 칭찬도 자주 들었다. 무엇보다 그림을 잘 그린다고 해서 방과 후 교실에 남아 '특별훈련'을 받기도 했다. 1학년 때 야심 차게 장만했던 '크로바 가방'은 초등학교 4학년 때까지 잘 매고 다녔다.

가방 안에는 교과서와 공책 그리고 필통이 필수다. 문득 내 첫 자석 필통이 떠오른다. 큼지막한 필통은 열면 연필을 가지런히 꽂을 수 있게 만들어졌고 지우개며 문구용 칼을 넣을 수 있는 여분의 공간이 있으며 필통 뚜껑 안쪽에는 시간표를 적어서 끼워 넣을 수 있도록 작고 네모난 투명 비닐이 덧대어 있었다. 그런데 이 필통의 비밀은 내부가 아니라 외부였다. 필통을 열어서 완전히 펼친 다음 뒤집으면 게임을 할 수 있는 '판'으로 변한다. 미로 찾기 게임인데 대각선으로 한 귀퉁이에는 바둑이가 있고 다른 쪽에는 바둑이가 침을 흘릴 정도로 좋아하는 뼈다귀가 있다. 자석 필통이 생각보다 흔하지는 않았고 반의 아이들은 대부분 플라스틱으로 만든 직사각형 상자 모양의 필통을 가지고 다녔다. 그런데 이런 종류의 필통에 연필을 넣고 뛰기라도 하면 기껏 열심히 깎아 놓은 연필심들이 부러지기 일쑤였다. 학년이 올라가고 시대가 달라지면서 나중에는 일단이 아니라 이단 삼단 심지어 여기저기 열리는 데가 수도 없이 많은 컴포넌트 스타일의 자석 필통까지 나왔다. 확실히 그런 필통은 고가였다.

여자아이들이 필통에 많은 공을 들였다면, 남자아이들은 필기구, 특히 샤프 연필에 거의 집착 수준이었다. 너도나도 '흔들어 샤프'를 사용했는데 공책에 글씨를 쓰다가 심이 나오지 않으면 '따닥'하고 흔든다. 그러면 쓸 만큼의 심이 나왔기 때문에 교실 여기저기서 '따닥' 소리가 났다. 남자아이들 눈에는 샤프 연필의 뒤꽁무니를 직접 누르는 것보다는 그냥 무심하게 '슬쩍' 흔드는 것이 분명 더 멋있어 보였던 모양이다.

샤프 연필이 좀 비싸기도 했고 또 나는 색색의 연필들이 필통 안에 가지런히 꽂혀 있는 것을 좋아했기 때문에 주로 연필을 썼다. 그때 우리가 쓰던 연필의 모양은 지금의 연필과 크게 다르지 않았는데 대부분 단면이 둥글거나 혹은 육각형으로 되어 손으로 잡기에 무리가 없는 형태였다. 어느 날인가 이모가 청주 시내에서 빨간 옥스퍼드 지로 만들어진 지퍼 달린 필통과 단면이 정사각형인 '우정 연필' 세 자루를 사다 주었다. 정말이지 눈이 번쩍 뜨일 정도로 새롭고 예뻤다. 연필 끝에 '우정'이라는 글자가 적혀 있어서 '우정 연필'이라고 불렸는데, 물론 각이 진 연필은 글씨 쓰기에는 그다지 편하지 않았지만 '정사각기둥' 연필이라니! 오랫동안 깎지도 않고 그냥 필통에 가지고만 다녔었다. 그런데 어린애들이란 금방 싫증을 내는 법이고 또 새로운 무엇인가가 등장하면 그것에 마음을 뺏기게 마련이다. 〈어깨동무〉였는지 아무튼 소년잡지에 대문짝만한 광고가 났다. '꽃다발 연필' 나는 마음속에 그 연필을 찜해 두고는 손에 넣을 기회를 엿보고 있었다. 연필의 단면은 꼭 '❋' 이런 모양이었는데 원통형에 고불고불 굴곡이 진 표면에 색깔도 진한 분홍, 보라, 빨강 등 다양해서 한 다스를 한꺼번에 그러모아 쥐면 정말 꽃다발 같아 보이기도 했다.

어린이들의 '물욕'을 자극하는 갖가지 소소한 것들은 학교 앞 구멍가게며 문방구 등 주변에 널려 있었지만, 물질적으로 풍족하지 않아서 어쩌다가 소원성취하듯이 손에 넣을 수 있었다. 삼촌이나 이모가 서울에서 사다 주었다거나 혹은 방학 때 서울에 갔다가 사 온 새로운 문물과도 같은 것들이 있었는데, 지금 생각하면 그 진귀한 문물이라는 게 엄청나게 특별한 건 아니었다. '코팅된 책갈피'이거나 '스티커' 정도였다. 오히려 천체망원경이나 스카이콩콩, 무전기 같은 물건들은 내 것으로 소유하기는 어려웠지만 〈소년중앙〉, 〈어깨동무〉 〈새소년〉과 같은 '소년잡지'의 광고를 통해서 이미 알고는 있었다. 하지만 어디에서도 본 적이 없던 '코팅된 책갈피'를 갑자기 친구로부터 받아 들었을 때의 신선함은 광고로만 봐왔던 '보루네오' 이층침대와 학생용 책상 세트를 친구네 집에서 마주했을 때 느낀 '현실감 없음'과 맞먹는 충격이었다.

1978.
마차 그리고 마부

J읍에는 붉은색 벽돌에 지붕이 초록색인 일본식 건물 농촌지도소가 있었고 그 뒤에도 역시 일본식으로 지어진 관사가 있었다. 농촌지도소 앞에는 태극기와 새마을운동 깃발이 높게 매달려 있었는데 나는 그 건물의 초록색 창문들이 빨간 벽돌과 잘 어울린다고 생각했었다. 지도소 앞에는 왕복 2차선 도로가 있었는데 이 길은 지금도 여전히 J읍의 중심을 차지하고 있다. 농촌지도소 건물은 오래전에 없어졌고 현재는 그 자리에 다른 관공서가 들어서 있다.

증조할머니를 비롯한 어른들은 항상 그 왕복 2차선 도로를 신작로라고 불렀다. 워낙 작은 읍이어서 그런지 도로에 지나다니는 차들도 별로 많지 않아서 '마이카시대'와는 너무나 동떨어진 곳이었다. 길거리는 늘 한산했고 어지간히

먼 거리가 아니고서는 걸어 다니는 것을 당연하게 여겼다. 읍내 신작로에는 택시나 버스 트럭이 다녔지만, 서울과 같은 대도시처럼 자동차가 많지 않았다. 초등학교 6학년이 되고 보니 집에 자가용이 있는 친구들이 몇몇 있다는 걸 알게 되었는데, 시골에서 자가용을 굴릴 정도면 대개는 인삼 농사를 크게 짓는 대농이거나 혹은 약국이나 야쿠르트 대리점을 운영하는 부자들이었다.

그런데, 여전히 생생하게 떠 오르는 것은 그 신작로에 말이 끄는 마차도 함께 있었다는 것이다. 농촌지도소 앞 도로에 말이 '따각따각' 소리를 내며 리드미컬하게 춤추듯 걸어가는 것을 분명하게 보았는데, 1961년 작 영화 〈마부〉의 하춘삼 씨처럼 마부가 말 마차를 끌고 가는 형태는 아니었다. 오히려 서부영화에 등장하는 마차의 모양과 흡사했다. 말이 앞에 있고 뒤에 나무로 된 마차가 매어져 있으며 마부를 위한 전용 좌석이 마련되어 있었다. 마부는 고삐를 양손에 쥐고 앉아서 말을 이렇게 저렇게 움직이도록 했다. 그런데 무엇보다도 내 눈을 사로잡았던 것은 말의 엉덩이 아래쪽에 걸쳐 있는 두꺼운 마대 자루 안의 말똥이었다. 어떤 때는 말똥이 도로에 그냥 툭툭 떨어지는 경우도 있었는데, 그 양이 엄청난 것에 비해 냄새는 그다지 지독하다는 생각이 안 들었다. 마대 자루를 걸쳐 놓았던 것은 혹여 말이 짐을 운반하는 중에라도 급한 용무가 있으면 선 채로 볼일을 해결할 수 있도록 한 방편이었으리라. 하지만 과민대장 증후군으로 공항, 터미널 그리고 특히 낯선 곳에서는 언제나 쾌변의 욕구를 해결하지 못하는 나 자신을 생각하면 그때의 말이 몹시 가엾다. 화장지를 움켜쥔 손을 내게 보이며, 위협과 간절함을 담은 눈길로 다른 줄에 설 것을 암묵적으로 강요했던 학교 화장실 앞의 선배 언니가 문득 생각난다. 자신만의 오롯한 공간에서 안정적으로 쾌변을 볼 수 있는 삶을 보장받는 것은 삶의 질을 결정하는 데에 있어서 무척 중요한 일이다.

70년대의 끝자락에 내가 목도한 마차는 어느새 사라졌고 나중에 할머니로부터 그때 당시에 활동했던 한 마부에 관한 이야기를 들을 기회가 있었다. 그때 말 '구루마'를 몰던 사람 중에 대학을 졸업한 사람이 있었다는 것, 그 사람이 바로 내가 중학교 때 다니던 교회학교 선생님의 아버지였다는 것이다. 그분이 어떤 사연으로 말 구루마를 몰게 되었는지는 알 수 없지만, 그때도 대학 나온 마부의 얘기는 화제가 되었던 모양이다. '따각따각' 말발굽 소리가 무척 경쾌했고 하얀색 말의 리드미컬한 걸음에 따라 고삐를 잡은 마부도 '까딱까딱' 리듬을 타는 것처럼 보였다.

이곳 J읍에도 어느새 차가 조금씩 생기면서 말 마차는 완전히 사라져 버렸다. 이런 것을 본 적이 있다고 주변 사람들에게 이야기하면 도대체 어느 시대에, 어디에서 살았었냐고 묻는다. 흡사 나를 아주 옛날 사람 취급하기도 하고, 자신들은 그런 걸 전혀 본 적이 없다며 내 기억에 오류가 있는 것 같다고 오히려 지적한다. 물론 우리가 기억하지 못하는 것이 이것뿐이겠는가! 같은 시·공간에 있어도 경험하는 것과 그것을 기억하는 것에는 차이가 있을 수밖에 없다.

눈을 감고 붉은색 건물의 농촌지도소를 다시 떠올린다. 길 건너에는 아주 작은 가게가 하나 있고 그 옆으로 세탁소, 좀 더 아래로 오면 친구네 부모님이 하던 식당, 그 옆에는 '4.19 서점', 2층에 '제비 사진관', 주유소, 다시 길을 건너면 '고으네 의상실', 목욕탕, '오고파 미용실' 그리고 우리 엄마 옷 가게 '짱구 보세', 하나하나 머릿속으로 지도를 채워 나간다. 비 오는 날이면 온통 붉은 진흙투성이로 변하곤 하던 공동묘지(실은 엄마와 이모에게 물어 기억의 퍼즐을 맞춰 보니, 무덤은 많았지만 산 임자가 있어 공동묘지는 아니었다고 한다. 그리고 언덕을 넘어간다'는 이유로 그곳을 '아리랑고개'라고 불렀다고 한다) 주변 길 그리고 그 꼭대기에 서 있던 전도관, 지금은 6차선 로터리로 변해버린 내 어린 시절의 불란서 양옥집 터가 있다.

지금은 멀리 두타산을 가려버린 고층 아파트 단지를 볼 때 숨이 막히고 이전의 경관을 영원히 되돌릴 수 없다는 생각에 깊은 슬픔마저 느낀다. 이건 내 머릿속 추억의 지도에는 그려 넣기 어려울 것 같다. 다만 지금의 나이 어린 세대들에게는 그래도 추억이 될 수 있기를 바랄 뿐이다.

1978.
코코아

집에 늘 있었던 것 같지는 않은데 '프리마'를 수저로 듬뿍 떠서 입에 털어 넣던 기억이 있다. '프림'(우유 분말)은 보통 커피와 함께 타서 마시는 것이지만 '어른들의 음료'인 커피를 어린이들이 마신다는 것은 매우 드문 일이었다. 그리고 사실 '쓴맛'의 풍미를 알만한 나이도 아니었기 때문에 커피를 마셔 보려고도 하지 않았다. 대신 약간 비릿하면서도 고소한 우유 맛이 났던 '프림'은 어린이 입맛에 꽤 잘 맞았다. '프림'을 입에 털어 넣기 전에 '코코아'를 마셔 볼 기회가 있었는데, 그때 왜 그렇게 숫기가 없었는지 끝내 눈앞에 놓여 있던 코코아를 놓치고 말았다.

읍내에서 가장 번화한 시장 근처에 엄마의 친한 지인이 살고 있었는데, 엄마를 따라서 그 아줌마네 집에 놀러 가게 되었다. 그 집에는 일하는 언니가 있었다. 부엌을 중심으로 오른쪽으로 넓은 마루가 있고 그 마루 끝에 안방도 넓었는데, 마루나 방안은 항상 어두컴컴해 보였기에 채광은 별로 좋지 않았던 것으로 기억한다. 부엌 왼편으로는 바닥에서 약간 오른 높이의 작은 방이 있었고 그 방 앞에는 쪽마루가 있었다. 이 방은 작았지만 아주 환했고 그 방안에는 내가 여태 본 적이 없던 물건들이 놓여 있었다.

나와 엄마는 이 방에서 아줌마를 만났고 나는 어른들이 이야기를 하는 동안 방 안의 이것저것을 보고 있었다. 낯선 물건들은 주로 먹을 것들이었는데, 아마도 커피나 딸기잼 같은 것이 아니었나 싶다. 사실 다른 물건들에 대한 기억은 희미하지만, 갈색의 네모난 깡통에 들어있던 '코코아'는 너무나 선명하다. 엄마와 아주머니는 아마도 커피를 타서 마신 것 같고 나에게는 그 깡통에 들어있던 코코아를 타서 주었다. 코코아를 듬뿍 넣고 뜨거운 물을 부어 살살 젓는데 어디에서도 맡아 보지 못한 달콤하면서도 향긋한 이국적인 냄새가 났다. 하지만 나는 무슨 생각에서였는지 마시기를 한사코 거부했다. 아주머니는 나에게 여러 번 권했고 엄마도 약간 난처한 표정을 지으면서 '괜찮다고 마셔보라'고 했지만 나는 끝내 마시지 않았다. 결국 아주머니는 웃으면서 '애가 쑥스러워서 그러는 것 같다'고 했지만 엄마는 '애가 왜 이렇게 숙맥인지 모르겠다'며 속상해했다.

속으로는 마시고 싶어 미칠 것 같았으면서도 그걸 받아 마시는 것을 왜 그렇게 부끄러워했는지 모르겠다. 한 모금 마셔 보는 게 뭐 그렇게 어렵다고 끝내 그 이국의 맛을 거부했는지 그때의 그 '어린애'의 마음을 지금 생각해 보니 어렴풋이 왜 그랬는지는 알 것도 같다. 아마 처음에는 쑥스러워서 매우 소극적으로 안 마시겠다는 의사 표현을 했을 테고 두 번 세 번 거부하다가 아마도 마시겠다고 말할 적절한 타이밍을 놓쳤던 것 같다. 그러고 나서 나중에 마음을 바꿔 마시겠다고 하면 너무 창피해져서 끝까지 마시지 않았던 것인지도 모르겠다. 왜 그런 적 있지 않나? 밤늦게 가족 중 누군가가 먹을 걸 사 와서 다들 둘러앉아 먹으려고 하는데 애석하게도 나는 자고있는 경우 말이다. 부스럭거리는 소리에 살짝 잠이 깨어 있는 상태였고 마침 그때 누군가가 '정수도 깨우지'하는 소리에 나를 흔들어서 깨워주길 바라며 일어날 준비를 하고 있었다. 그런데 꼭 누군가가 '자는 데 뭘 깨워'라고 해서 나는 눈을 뜨지도 그렇다고 벌떡 일어나지도 못하고 계속 잠자고 있는 척을 할 수밖에 없었다. 그냥 천연덕스럽게 벌떡 일어나자니 몹시 계면쩍고 또 계속 자는 척하기에는 '후루룩 쩝쩝' 소리가 너무 괴로웠다. 누군가가 나를 흔들어 억지로 깨워줄 때면 그게 어찌나 고맙던지, 그러면 정말 못 이기는 척하면서 일어나곤 했다.

아마도 나에게 코코아를 마시라고 한 스무 번쯤 권했더라면 못 이기는 척하고 마셨을 수도 있을 테지만 처음엔 거절하다가 나중에 태도를 바꾼다는 것이 너무 어려웠다. 어디 친척 집엘 가거나 우리 집에 증조할머니를 만나러 먼 곳에서 손님들이 올 때면 인사하는 것도 쑥스럽고 몇 마디 질문이라도 받으면 대답도 잘 못 하고 몸만 비비 꼬았던 때도 있었다. '서울 아이들하고 다르네요'라는 인사말에 외할머니는 "애가 잘 안 그러는데 오늘은 이상하게 수매 같디"고 했다. 평상시에 워낙 극성맞게 노는 모습에 익숙해서 할머니는 손녀의 그런 모습이 낯설었을 것이다. 하지만 어린애들에게도 체면이라는 게 있다.

1979.
고소미, 종합선물 세트

  증조할머니가 계셔서 그랬는지 우리 집에는 명절 때뿐만 아니라 평상시에도 손님들이 종종 찾아왔었다. 손님들은 쇠고기를 한 칼 끊어 오기도 했지만 가끔은 '인도 사과'나 여러 종류의 과자가 한 상자 안에 들어있는 '한아름 종합선물 셋트' 같은 것도 들고 왔다. 사과라면 보통 '국광 사과'를 주로 먹었을 때라 연두색의 '인도 사과'는 이름에서부터 이국의 느낌이 강했는데 과즙은 거의 없고 맛만 무척 달았다. 물론 이런 선물을 받는 경우가 자주 있는 일은 아니어서 한 번에 싹 먹어 치우는 일은 없었다.

  외할머니는 받았던 선물들을 항상 어딘가에 숨겨 두고 우리가 그 선물에 대해 까맣게 잊을 만하면 하나씩 꺼내 주었다. 일제 식민지 시기를 지나 6.25 전쟁을 겪었던 옛날 어른들의 삶이 대개 그렇듯이 할머니도 평생을 무엇이든 아끼면서 살았고, 늘 언제나 만약을 위한 여분을 남겨두었다. 하지만 이런 것이 언제나 긍정적인 효과만 있었던 것은 아니다. 나와 동생은 할머니가 '이제 진짜 다 먹고 없다'라고 아무리 이야기를 해줘도 믿지를 않았고 온갖 극성은 다 떨면서 온 집안을 헤집고 다니며 사방팔방을 모두 뒤졌다. 하지만 그 보물 상자가 집 밖에 있을 줄은 꿈에도 생각해 본 적은 없었다.

하루는 할머니가 밖에서 국광 사과를 하나 들고 부엌으로 들어왔는데, 그 모습이 레이다에 포착된 것이다. 나중에 할머니가 마실 갔을 때, '기회는 이때다' 싶어 장독대에 있는 항아리 뚜껑을 죄다 열어 보았지만, 희한하게 된장, 고추장, 간장, 소금 외에는 먹을 만한 게 들어있지를 않았다. 분명 손님이 사 들고 왔었던 '종합선물셋트' 박스 안의 과자가 남았을 텐데... 없다. 또 서울에서 이모가 보내준 금박지에 싸인 동그랗고 가운데 동물 그림이 그려져 있는 '동물원 초콜렛'(일명 돈돈 초콜렛)도 많이 남아 있는 걸 본 것 같은데... 그것도 없다. 그러나 여전히 할머니는 우리에게 아주 조금씩 배급을 주듯이 주전부리를 나누어 주었다. 황금알을

낳는 거위의 배를 기어이 가르고야 만 어리석은 부부의 욕망처럼 과자를 향한 나의 욕심은 이제 먹고 싶다는 마음보다 도대체 어디에 이 보물들이 몽땅 숨겨져 있는지를 알아내는 것으로 변했다. 집 안에 없는 것은 분명했고 밖이라면 역시 장독대 외에는 다른 가능성이 없었다. 다시 장독대에 놓여 있는 항아리 뚜껑을 모두 열어 보았다. 똥독으로 쓰면 딱 알맞을 것만 같은, 너무나 커서 속을 들여다보기도 힘든 엄청나게 큰 항아리의 뚜껑을 간신히 열어 보았다. 저 깊은 어둠 속에 뭔가 반짝거리는 것들이 있다. 팔은 절대 닿을 수 없는, 몸을 조금만 기울였다가는 항아리 속으로 고꾸라져 버릴 것만 같아 그만 포기했다. 나는 거위의 배를 들여다 본 것에 만족해하며, 짐짓 모른 척하고 할머니의 배급을 기다렸다.

손 닿을 수 없는 곳에 있던 '과자 보물들' 이제 그것들은 어린 후손들을 지극히 사랑했던 할머니 할아버지의 사랑으로 기억된다. 출타했다가 돌아오는 할아버지의 손에 들려 있던 과자 한 봉지 '고소미'는 그래서 그 이름보다 더 고소하게 느껴진다. 언젠가 어릴 때 텔레비전에서 영화 〈석양의 무법자〉를 보고 악당으로 나왔던 리 반 클리프 Lee Van Cleef 가

할아버지와 정말 똑같이 생겼다고 생각했다. 지금도 '고소미'를 보면 툭 튀어나온 광대, 까만 얼굴의 할아버지가 생각나고 "역시 리 반 클리프를 닮았군"이라며 어린 시절 나의 예리한 눈썰미에 감탄한다. 그리고 연이어 자식을 먼저 보낸 증조할머니가 생각나고, 뒤이어 걸어서 금강산까지 장사를 다녔다던 증조할머니의 드넓은 삶의 지경地境을 상상한다. 우리가 먹는 혹은 먹었던 것들은 그래서 '삶'이다.

주전부리에 관한 로망,
오리온 밀크캬라멜

　맛은 혀로 감각 하기보다는 뇌가 관장한다고 하던데, 그래서일까? 아무리 사소하더라도 추억과 연관된 과자나 음식 들은 오랜 시간이 흘러도 그 첫맛을 기억하게 된다. 어떤 과자를 떠올리면 그와 연관된 일들이 기억난다. '쌕쌕 오렌지'를 생각하면 초등학교 5학년 때의 소풍이 떠 오르고 '빼빼로'를 떠올리면 괴산에 있는 M 초등학교로 합창대회를 나갔던 때가 생각난다. 우리 학교 합창단은 총 두 곡을 불렀는데 제목은 정확히 기억나지 않고 단지 노래의 몇 소절만 생각이 난다. 아마도 소프라노 파트에서 "연못 속에서 뽀그르르…. 작은 물결(숨결)이 떠오른다"라고 시작을 하면, 다른 파트에서 알토 파트나 저음의 남자아이들이 "뽀그르르르" "뽀그르르르" "뽀그르르르" 끝도 없이 가라앉아 버릴 것처럼 부르는 것이다. 또 다른 노래는 "국화꽃 저버린 겨울 뜨락에, 창 열면 하얗게..."로 시작한다. 노래 두 곡 모두 우리가 소화하기에는 어려웠고 아마 입상 성적도 좋지 않았던 것 같다.

함께 대회에 나갔던 남자애들이 버스 안에서 '빼빼로'를 먹고 있었고 나는 그 애들한테서 '빼빼로' 한 가락을 얻었다. 우리가 지금 알고 있는 바로 그 과자 모양인데, 사실 먹어 보기 전까지는 속까지 통째로 초콜릿인 줄로만 알았다. 광고를 보면 꼭 그럴 것만 같아서 큰 기대를 하고 있다가 실망이 이만저만한 게 아니었다. 텔레비전이나 잡지에서 광고로만 봐서는 그 맛을 상상하기 어려운 것들도 많았고 스튜, 치즈, 베이컨처럼 동화책 속 인쇄된 활자로만 접하게 되는 음식들은 내가 살아가는 동안 먹어 볼 수 있을 거리는 생각조차 들지 않았다. 맨 처음 요플레 광고를 보았을 때도 우리가 알고 있는 것은 작은 플라스틱병에 들어있는 야쿠르트뿐인데 떠먹는 요구르트라니, '요플레'는 너무나 낯설었다.

'마일로 마일로, 마일로의 세계로~' 시엠송이 울려 퍼졌다. 초록색 깡통 안에 들어 있는 가루를 우유에 타서 마시면 광고 속 그 남자아이처럼 힘차게 공을 멀리멀리 차 버릴 수 있었을지도 모르겠다. 그러나 무엇보다도 과자에 관한 나의 최고 로망은 노랗고 작은 직사각형의 서랍식으로 포장된 오리온 '밀크 캬라멜'이었다. 담뱃갑보다 약간 작은 크기의 밀크 캐러멜 상자는 앙증맞고 예뻤으며 아기천사와 별이 그려진 오리온제과의 로고도 밀크 캐러멜과 너무나 잘 어울렸다. 아래쪽을 손가락으로 쑥 밀면 속에 있는 상자가 밀려 나와 그 안에 가지런히 들어있는 통통하고 네모난 밀크 캐러멜과 '안녕~'하고 만나게 된다. 하나씩 줄어들 때마다 너무 아쉬워 아끼고 또 아껴 먹었고 다 먹었어도 절대 빈 곽을 버리지 못했다. 희한하게도 보물 상자처럼 여겨져서 지갑처럼 돈을 넣어 두기도 했다.

'빠다 코코낫'이나 '버터링 쿠키'와 같은 종류의 과자들은 값이 꽤 비싸서 일상적으로 흔하게 사 먹을 수 있는 게 아니었다. 그리고 초등학교 1학년 때 담임선생님께서 특별상으로 주셨던 노란색 포장의 '사브레'는 영국이나 프랑스 황실의 '황녀' 정도는 되어야 먹을 수 있는 간식이라고만 생각했다. 동화 〈알프스 소녀 하이디〉에서 그동안 갈색의 거칠고 딱딱한 빵만 먹던 하이디가 부자 친구 클라라의 집에서 말랑말랑하고 하얀 빵을 보았을 때의 심정이라고나 할까? 빵이 상한다는 것을 몰랐던 하이디는 이가 불편한 피터 할머니를 위해 옷장 안 가득 하얀 빵을 모았다. 아마도 하이디는 그처럼 하얗고 말랑말랑한 빵은 영원히 썩지도 딱딱해지지도 않는다고 생각한 것 같다. 물론 요즘엔 썩지 않는 밀가루로 빵을 만들어서인지 며칠씩 놓아두어도 곰팡이가 피는 법도 없고 멀쩡한 모습으로 말랑거리기까지 하다. 아이러니하게도 이런 불멸의 빵이라면, 딱딱하고 말라버렸다는 이유로 하이디의 빵을 모조리 내다 버렸던 사악한 집사 로텐마이어를 혼내줄 수 있었을 거라는 생각이 들기도 한다.

'양초 좀 씹어 본' 아이들

껌에 관한 에피소드 하나쯤은 모두 가지고 있지 않나? 예를 들어 밤에 껌을 씹다 잠이 들었는데 아침에 일어나보니 껌은 사라졌고 머리카락에 붙어 있더라는, 혹은 극장에 갔다가 의자에 껌이 붙어 있는 줄 모르고 앉았다가 바지에 껌이 들러붙는 그런 일들 말이다. 하지만 역시 '양초'를 껌처럼 씹어봤다는 사람의 이야기는 들어본 적이 거의 없을 것이다. 초등학교 친구들에게도 물어봤는데, "도대체 우리가 같은 시대를 살았던 것이 맞기는 하니?"라는 대답만 돌아왔다. 생각해 보면 그 당시에 껌이 없었던 것도 아닌데 왜 우리는 초를 씹었을까? 그것도 '쌀초(불투명 흰색)'니 '물초(투명한 흰색)'니 하면서 종류별로 다른 맛과 씹는 질감의 차이를 이야기했었다. 때로는 자신이 가진 초가 더 쫄깃쫄깃하다며 친구들에게 나누어 주기도 했는데, 이상한 점은 집에서는 절대로 초를 씹지 않고 학교에 가서야 친구들과 함께 그 '씹는' 즐거움을 나누었다는 것이다.

양초 때문에 배가 아팠다거나 누구 하나 학교에서 쓰러져 병원에 갔었던 경우도 없었다. 왜 그런 걸 씹었는지 지금은 도무지 이해되지 않지만, 아마도 배가 고파서라거나 혹은 정말 껌이 귀해서 혹은 초를 와그작와그작 오랫동안 씹다 보면 언젠가는 껌으로 변할 거라 굳게 믿었기 때문에 그랬을 리는 없다. 단지 아이들 가운데 누군가가 먼저 시작을 했을 테고 또 나름대로 재미있고 스릴이 있다고 여겨서 따라한 것 같다. "초를 씹은 적도 없고, 그런 이야기를 들어본 적도 없다"며 우리가 '초를 씹었던 그 시절'을 극구 부인(?)하는 친구에게 잘 생각해 보라는 말과 함께 다른 아이들(동창)한테도 좀 물어봐달라는 요청을 해놓았다. 하지만 지금까지도 내가 원하는 답을 들을 수는 없었다. 그러다가 엄마에게 혹시 나와 같은 '그런 기억'이 있는지 여쭈어보니, 초는 물론이고 송진에다가 색을 내기 위해 크레용까지 넣어서 껌처럼 씹었다고 하신다. 역시 내가 '나의 정체성'으로 인식하고 있었던 것처럼 '우리는 전근대를 경험한 마지막 세대'

인 것인가? 하지만 분명한 것은 우리 엄마 세대는 껌이 귀해서 그렇게 할 수밖에 없었던 것이고 우리는 아무리 생각해도 껌이 없어서 '그런 짓'을 한 것 같지는 않다. 운동장이며 교실 바닥에 뱉어 놓은 껌도 많아서 툭하면 운동화나 실내화에 껌이 들러붙는 일도 있었고 학교 앞 가게에서는 네모난 모양의 흰색과 검정의 '바둑껌'이며 담배 모양의 껌도 있었다.

더군다나 우리 집은 그야말로 껌 풍년이었는데, 공장에서 낱개로 썰리기도 전 형태로 꼭 넓적한 칼국수 반죽을 밀어 놓은 듯한 모양의 껌이 있었다. 더 정확하게 표현하자면 두루마리 화장지를 풀어 놓았을 때와 유사한데, 당시 롯데제과에 다니던 이모가 서울에서 그런 모양의 껌을 보내왔다. 그뿐만 아니라 하나를 까서 입에 넣으면 한입 가득해지는 '부풀어 풍선껌' 또 '스피아민트, 쥬시 후레쉬, 후레쉬 민트'까지 또 한입 크기보다 표면적이 훨씬 넓은 껌을 작은 입에 욱여넣고 전투하듯이 씹기도 했다. 껌이 너무 흔하다 보니 풍선껌이든 뭐든 단물만 빠지면 뱉어 버려서 여기저기 아무 데나 들러붙은 껌딱지 때문에 할머니한테 혼나기도 했다.

하지만 '황금시대'는 언제나 저물게 마련인가 보다. 롯데제과에 다녔던 이모 덕분에 우리집 사람들은 원 없이 '껌 좀 씹었고' 이 외에도 '동물원 초콜릿'(이모의 말에 의하면 '돈돈초콜릿'이라고 불렀다고 한다) 등을 먹는 호사를 누릴 수 있었다. 하지만 어느 날 이모는 서울을 떠나 집으로 돌아왔고 나에게 노래를 하나 들려주었다. "노동자가 노동을 얼마나 더 해야, 아~~ 살 수 있나" 나중에 멜로디를 찾아보니 가수 윤형주의 노래 「미운 사람」이다.

1979.
추풍령 휴게소에서의 핫도그

 울산에 친척집이 있었고 우리는 방학 때만 되면 악착같이 놀러 갔다. 청주에서 직접 가는 버스가 없어 대전에서 다시 고속버스로 갈아탔는데, 아무리 1970년에 개통된 경부고속도로가 뚫려 있다고 하더라도 사방이 산으로 둘러싸인 초뼁 내륙지방인 J읍에서부터 울산까지 가는 길은 험난하고 지루했다. 그런데도 중간 휴게소에 들르는 재미는 남동생의 신물까지 넘기는 멀미와 바꿀만했다. 대전에서 울산을 향해 가다 보면 '추풍령 휴게소'에 들르는데, 그곳에는 큰 '쏘세지'에다 튀김옷을 아주 얇게 감싼, 내가 그동안 보고 먹었던 읍내 수준의 맛과는 비교도 할 수 없는 '핫도그'를 팔고 있었다.

 J읍에서 팔던 핫도그는 나무젓가락에 분홍색의 아주 작

은 소시지 한 점을 붙여놓고 밀가루로 약간 두껍게 감싸서 튀겨낸 것이다. 거기에다 다시 밀가루를 두툼하게 묻혀 빵가루를 뿌린 다음 좀 더 오랫동안 튀겨내면 '핫도그'가 되었다. 그 핫도그에 설탕을 듬뿍 묻히고 케첩을 뿌려서 맛있게 먹으면 되는 것이다. 나는 핫도그를 먹을 때 단 한 번도 소시지가 있는 가운데 부분을 한입에 뭉텅 베어 문 적이 없었다. 설탕과 케첩이 묻어 있는 겉의 바삭한 부분을 다 먹고 그다음 소시지를 감싸고 있는 부분까지 다 먹고 나면, 연한 돼지핑크빛의 소시지 한 점을 발견하게 된다. 나무젓가락 꼭대기에 들러붙어 있는 그 한 점을 딱 먹으면, 핫도그를 먹는 전 과정이 마무리된다. 그런데 추풍령 휴게소에서 마주하게 된 핫도그는 그 수준이 달랐다. 그건 다른 차원의 핫도그인 것이다. 겉을 감싼 튀김옷은 매우 얇아서 소시지의 실체를 바로 마주할 수 있었고, 과도한 설탕이나 케첩을 전혀 바르지 않아 읍내에서 먹던 일종의 맛의 착각을 일으키는 속임수 따위는 거부한 진정한 핫도그의 실체 그것인 것이다. 나무젓가락 끝에 위태롭게 들러붙어 있던 분홍색 소시지 쪼가리가 아니라 첫입부터 핫도그 소시지의 맛을 온전히 즐길 수 있게 해 주었다. '본고장의 맛'을 본 적은 없었지만, 아마도 이런 것이 '아메리칸 스타일'이라고 느끼지 않았을까 싶다.

고속도로를 달려 울산까지 가는 길에는 휴게소에 들러 '아메리칸 스타일의 핫도그'를 맛보는 것처럼 신나는 일만 있던 건 아니었다. 휴게소 전이었는지 아니면 휴게소를 지나서였는지 정확하진 않지만, 그 어디쯤엔가 검문소가 있었다. 헌병은 우리가 탄 고속버스에 올라와 "잠시 검문이 있겠습니다"를 묵직한 톤으로 말하고는 버스 앞좌석에서부터 맨 뒤 좌석까지, 찬찬히 우리들의 얼굴을 살폈다. 그들이 걸을 때마다 군화에서는 '촬촬촬'거리는 쇠구슬 부딪치는 소리가 들렸고, 눈을 마주쳐야 할지 아니면 피해야 할지 선택할 사이도 없이 스윽 왔다가 사라지는데, 아마도 사람들은 자신이 나쁜 사람이 아니라 일개 평범한 '국민'이라는 사실을 온몸으로 재현하려고 무척이나 애를 썼을 것이다. 그러다가 뒤쪽에서 신분증을 보여 달라는 말이 들리기라도 하면 버스 안은 일순간 긴장감에 휩싸이게 된다. '잘 보이려고 하는 것'이 비굴하다고 여겼지만, 그들을 향해 선해 보이는 미소를 보여줬어야만 했던 것일까? 멀미약에 취해 세상모르고 자는 동생과는 달리 나는 차창 밖 풍경 하나도 놓치고 싶지 않아 말똥말똥 눈을 굴리며 모든 것에 촉수를 세우고 있었던 터라 뒤를 돌아보고 싶은 강렬한 호기심을 억누르기 어려웠다. 내 손을 꽉 쥔 엄마의 힘을 느끼긴 했지만 나는 '새 나라의 어린이'라는 신분을 십분 활용해 과감하게 몸을 일으켜 뒤를 돌아다보았다. 사람들은 모두 앞만 보고 있었다. 헌병을 향해 웃어 보일 수도 없고 쏘아 볼 수도 없는 어떤 경계선에 있는 그 표정들은 운이 나쁘면 잡혀가서 쥐도 새도 모르게 죽을 수도 있고 사돈의 팔촌과 삼대까지도 멸족당할 수도 있다는 사실을 알고 있는 것 같았다. 울산을 향해 가고 있는 '한진 고속버스' 안 승객들은 '상시적 비상사태常時的 非常事態'의 시대를 그렇게 지나가고 있었다.

1979.
마론인형과 함박스테이크

'시식 코너'는 예전과 다른 의미로 사용되는 말 같은데 지금의 푸드코트와 유사했다. 백화점이나 좀 규모가 있는 도시에 위치한 상가의 한 층 전체가 식당가로 이루어져 있고 거기에 한식, 중식, 양식, 분식, 제과 등 여러 종류가 모여 있어서 고객의 입맛에 맞는 음식을 한 자리에서 맛 볼 수 있는 획기적 시스템이라고 할 수 있겠다. 도시 청주 정도에는 나가줘야 접해 볼 수 있었고, 그것도 가장 번화했던 본정통(일본식 명칭, 현재는 성안길)에 자리 잡고 있던 '흥업상가'는 당시 '청주백화점'과 함께 지역 상권을 견인하는 쇼핑몰의 '쌍두마차'라고 할 수 있었다.

읍내에 살던 우리들 사이에서 청주 나가서 뭘 샀다는 건 꽤나 자랑거리였고 특히 백화점에서 구입한 물건은 그것

자체로 '인정'의 지표처럼 여겨졌다. 하지만 청주는 거리상으로는 가까웠지만 심적으로는 먼 곳이었다. 당시 엄마는 '홍업상가'에서 완구 코너를 했었고 나는 그곳에 가보고 싶었지만, 언제나 청주발 J읍행 막차 버스를 타야 하는 엄마의 일정 때문에 가볼 엄두를 내지 못했었다. 자고 일어나 아침에 눈을 뜨면 언제나 머리맡에 '홍업상가' 시식 코너에서 사 온 하얀 종이봉투에 담긴 '쌩 도나쓰'가 있었다. 이 도넛은 찹쌀의 쫄깃한 맛이 아니라 먹을 때 식감이 포실포실한 게 버터 맛이 많이 나는 도넛이었다. 엄마의 장난감 가게가 어디에 있는지 그리고 산타클로스의 선물처럼 머리맡에 놓인 '쌩 도나쓰'가 어디에서 오는지 너무나 궁금했다. 그러던 어느 날, 아마도 어느 주말 토요일이었던 것으로 기억하는데, 가게 일을 도와주러 가는 이모를 따라 그동인 별렀던 청주행 나들이를 하게 되었다.

장난감 가게는 별천지 같았고 그 앞을 지나가는 아이들은 그냥 지나가는 법이 없이 떼를 쓰거나 드러눕거나 하면서 목표한 바를 이루었다. 몇 평 되지 않은 공간에 빼곡히 장난감들이 진열되어 있었고 나는 진 와일더가 출연한 〈윌리웡카와 초콜릿 공장〉에 와 있다는 착각이 들 정도였다. 환상적이었다. 나는 그날 살이 말랑거리고 무릎과 팔의 관절이 자유자재로 구부려졌다 펴지는 마론인형 '이쁜이'를 갖게 되었고 엄마의 장난감 가게에서 온종일 이쁜이와 놀았다. 그러다가 2층에 올라가 보니 과연 그곳에는 '쌩 도나쓰'만 있는 게 아니었다. 지금이야 너무나 익숙한 풍경일 수 있지만, 아무튼 그땐 '게으름쟁이 천국의 나라'가 있다면 이런 모습이 아닐까 할 정도로 여기저기 먹을 것이 널려 있는 것이 신세계였다.

고소한 기름내와 생소한 음식 냄새들이 콧속을 휘젓고 요즘 식으로 말하면 개방형 주방이어서 주방장들이 요리하는 모습도 훤히 볼 수 있었다. 외식해본 기억이라고는 중국집에서의 짜장면이 전부였고 양식은 결코 한 번도 먹어 본 적이 없었다. 화교가 운영하던 J읍의 중국집 복성원, 명보장, 태화장의 까맣고 짭짤한 춘장이 고소한 짜장면만으로도 충분하다고 생각했다. 그러나 말로만 듣던 돈가스와 함박스테이크가 '흥업상가' 2층 시식 코너에 있었고, 주저함 없이 난 '함박스테익!'을 외쳤다. 치이익 지글지글 소리를 내며 두꺼운 검정 돌판 위에 스테이크가 올려졌고 그 위에 갈색 소스가 끼얹어져 풍미를 더했다.

사람들의 떠들썩한 활기와 행복한 기분이 들게 하는 냄새 그리고 내 앞에 놓인 함박스테이크, 또 관절이 자유롭게 움직여지는 내 이쁜이 인형. 그때가 겨울이 아니었는데도 나는 크리스마스가 되면 꼭 이 기억이 떠오른다. 그날은 나에게 짧기도 하지만 무척 긴 하루이기도 했다. '흥업상가'에서의 하루가 그렇게 저물어 갔다. 엄마는 잠이 들어버린 나를 업고 동생에게 줄 도넛을 챙겨 이모와 함께 J읍으로 가는 막차를 타기 위해 상당 공원 버스정류장으로 갔다. 내 체구가 결코 작진 않았을 텐데… 엄마 등에 업혀 가는데 잠결에 어디선가 틀어 놓은 노랫소리가 들렸다. '모모는 철부지, 모모는 무지개, 모모는 생을 쫓아가는 시곗바늘이다. 모모는 방랑자…' 환상적인 하루였는데, 미치도록 즐거웠는데, 그날 하루종일 청주 시내 '본정통'에서 흘러나왔던 노래에 그냥 눈물이 났다.

시장에서의 스펙터클,
회충약과 네이키드 연필

볼거리가 많지 않던 시절, 손바닥만 한 흑백텔레비전을 앞에 두고 어른이고 애고 할 것 없이 옹기종기 앉아서 그 작은 상자를 뚫어지게들 쳐다본다. 가수 이은하가 가수상을 받아 그녀의 아버지와 기쁨을 나누면서 부상으로 포니 자동차를 선물 받는 장면이나 SM의 이수만 사장이 '한 송이 꿈을 남기고 떠난 너를 못 잊어'를 부르며 '한·송·이'를 강조하려고 손가락 하나를 들어 튕기듯 들어 구부리는 동작이 지금 떠오르는 장면이다. 그런 제스처는 너무 즉물적이어서 촌스럽기 그지없다. 당시 매체라는 것이 너무나 한정되어 있던 시대고 또 그게 별반 부족하다고 생각되지도 않던 시절이다. 어차피 텔레비전은 오후 5시는 넘어야 방송이 시작되었고 라디오는 할머니 차지여서 딱히 내가 들을 만한 방송이 있었는지도 몰랐다. 그래서 우리는 놀거리를 끊임없이 생각해 내고 세상 모든 것들이 또한 볼거리가 되었다.

  J읍은 지금까지도 오일장이 서는데, 읍내치고는 규모가 큰 극장이 두 개나 있었다. 옛날에 한 시대를 주름잡던 영화배우 김지미 씨며 가수 남일해 씨 같은 분들이 극장에 홍보차 인사를 오거나 공연하러 왔었다고 한다. 엄마는 '빨간 구두 아가씨'로 유명했던 가수 남일해와 함께 찍은 사진을 간직하지 못하고 잃어버린 것에 대해 두고두고 아쉬워한다. 유명인들이 공연을 왔던 시대를 지나 시장 공터에다 큰 천막을 쳐 놓고 연극도 하고 약도 파는 사람들을 볼 수 있었다. 이런 장면들을 얘기하면 엄마는 당신이 결혼하기 전에나 볼 수 있었던 약장수들인데 어떻게 기억하냐면서 깜짝 놀라신다. 어쨌든 나는 분명히 J읍에 왔던 그 사람들 뿐만 아니라 무대며 천막 안 공간까지도 선명히 기억한다. 본격적으로 약을 팔기 전에 먼저 화장을 짙게 한 배우들이 등장해서 연극을 했다. 시골 읍내에서 사람들의 심금을 절절하게 울릴 수 있는 장르로는 신파극에 가까운 멜로가 안성맞춤이었을 것이다. 함께 구경 갔던 이모는 '여자가 남장하고 나오면 너무 멋있어서 속으로 흠모했었다'라는 급작스러운

고백 아닌 고백을 한다.

　학교 끝나도 별로 할 일이 없었고 심심했기 때문에 장날이 되면 괜히 여기저기 쏘다녔다. 그야말로 시골 읍내의 '장날'은 1800년대 프랑스에서 열렸던 만국박람회 못지않게 스펙터클 했다. 또 한편으로는 괴이한 것들에 이끌려 필사적으로 구경하려는 파리의 산보자들처럼 볼 만한 것들을 찾아다녔다. 시장 한 귀퉁이에 커다란 솥을 걸어 놓고 뭔가를 삶는다. 꼭 닭 삶는 냄새가 났는데 솥 옆에는 계란판이 수북이 쌓여 있고 그 주변에서 아저씨들이며 할아버지들이 맛있게들 먹고 있다. 장날마다 지나가 보아도 여자들이 먹는 모습은 단 한 번도 본 적이 없다. 나는 그 주변을 지나다니면서 '뭘 저렇게들 먹나' 무척 궁금해했다. 그래서 하루는 자세히 들여다보니 아주 흉측하게 생긴 것이 달걀처럼 보이는데 깃털도 보이고 냄새도 고약했다. 나중에서야 그것이 부화 직전의 달걀이란 사실을 알게 되었는데 솔직히 고백하자면, 어릴 때 그 맛이 너무 궁금해서 먹어 보고 싶은 마음도 있었다.

　J읍에는 장날마다 볼 수 있는 장사꾼들이 있었다면, 어쩌다가 완전히 새로운 신문물을 접할 기회도 생겼다. 어느 장

날인가 사람들이 모여 있는 곳엘 갔더니 한 남자가 한 손에는 합판을 들고 다른 손으로는 연필을 쥐고 사정없이 합판에 꽉꽉 내리꽂고 있었다. '세상에 연필심이 저렇게 강력하다니!' 연필 장수는 '이 연필로 말할 것 같으면 심이 강철보다 강해서 어지간해서는 절대 부러지지 않는다'라며 계속 시범을 보였다. '꽉꽉 파파팍' '아이들 공부하는데 이 정도는 뒷바라지해야 한다.'라면서 그 남자는 있는 힘껏 연필을 좀 전보다도 더 세게 내리쳤고, 그에 보답이라도 하듯이 연필은 정말 시원스럽게 합판에 꽂혔다.

나는 그때 책가방을 메고 뛰어다니는 일이 흔해서 필통 속 연필의 심이 곯아버리곤 했다. 그래서 아무리 잘 깎아 놓아도 속에서부터 곯은 연필은 쓰다 보면 부러지고 다시 깎으면 또 부러지는 일이 흔했다. 나는 아저씨의 '공연'을 보면서 '저 연필로 공부를 열심히 하리라. 그래서 외교관도 되고 어쩌구저쩌구...' 마음을 굳게 먹고는 돌아가신 할아버지 친구분으로부터 인사를 잘한다며 며칠 전에 받았던 돈 500원을 과감하게 털어 강철심 연필 한 다스를 샀다. 그러나 연필은 정말 '심'만 최강이었다. 연필은 파란색의 얇고 빳빳한 비닐로 감싸져 있었는데, 연필을 깎다 보면 비닐이 빳빳해서 칼도 잘 들지 않고 또 연필 몸통과 밀착이 잘 되어 있지 않고 겉도는 바람에 글씨를 제대로 쓸 수가 없었다. 이제는 장 구경도 좀 덜 하고 공부를 열심히 해보려고 했건만 그만 계획에 차질이 생겨버렸다. 결국에는 연필 몸통과 겉돌던 비닐을 모두 벗겨내고는 원목의 상태로 변신시켜서 사용했다. 아직도 많이 남아 있는 연필을 보니 갑자기 빨리 써서 모두 사라지게 하고 싶어졌다. 그래서 장날 그 아저씨처럼 합판에 대고 연필을 사정없이 내리쳐 봤지만, 구멍 한 개도 못 뚫고 말았다. 지금 생각하니 연필심의 힘이라기보다는 순전히 아저씨의 팔 힘 때문이었던 것 같다.

 J읍의 장날에 드물게 왔던 장사꾼들은 연필 장수 말고도 더 있었다. 공중변소가 있는 시장 한복판의 공터(장날이면 천막 친 국밥집으로 들어찼던)를 지나는데, 정말 말 그대로 '날이면 날마다 오는 게 아닌' 원숭이가 있었다. 작은 원숭이 한 마리를 데리고 나타난 약장수는 입담이 셌고 작은 직사각형 나무상자 위에 원숭이를 올라가게도 하고 내려오게도 하면서 원숭이와 대화를 나누었다. 그의 조련은 능숙했고 원숭이는 동작이 재빨랐다. 원숭이의 빨간 엉덩이가 웃겼지만 애처롭기도 했다. 한참 동안 원숭이 쇼가 펼쳐졌고 장

바닥에 모인 관중들에게 약장수와 원숭이는 완벽한 커플이 되어 피날레를 장식하며 정중하게 인사를 했다. 그러고 나서 약장수는 관중 속에 있던 한 소년을 불러내어 자신이 파는 약을 먹였다. 잠시 후에 그 소년의 엉덩이 쪽에서 기다랗고 누런 뭔가를 꺼내는데, 믿기 힘든 광경이었지만 이상하게도 저절로 믿게 되었다. 어른들은 공짜로 원숭이 쇼를 본 것에 대한 미안함 때문인지 아니면 회충약이 정말 필요했는지는 모르지만, 앞다투어 약장수의 약을 샀다.

지금에 와서 생각해 보면, 관중 속에 있던 그 소년은 아마 그 약장수와 일행이 아니었을까 싶고, 소년의 몸에서 나왔다는 것도 우리가 생각하는 그것인지 확실치 않다. 문득 소년의 안부가 궁금해진다. 엉덩이를 까 내리고 인간의 뱃속에 기생하는 '기생충'을 몸 밖으로 끌어내어 사람들에게 전시했어야만 하는 운명, 수치와 혐오의 시선을 견디는 그 마음이 어땠을까? 나는 그 약장수와 소년이 끊기 힘든 혈연, 부자지간의 인연이 아니라(아마도 부자지간이었다면 아들은 평생 아버지를 원망하지 않았을까 싶다.) 그저 J읍의 장에 왔다가 약장수의 제안에 응한 비즈니스로 맺어진 일시적 관계였기를 희망한다.

1979.
해태의 집,
데이트 아이스크림

J읍의 핫 플레이스 제일극장 옆에는 아이스크림 전문점인 '해태의 집'이 있었다. 어린이 영화를 보거나 단체관람을 할 때가 종종 있어서 극장에 가는 일은 그렇게 드물지는 않았지만, '아이스크림'을 아이스크림 집에서 먹는다는 것은 아주 예외적인 일이었다. 보통은 학교 앞 구멍가게 앞에 있는 좁고 기다란 통에서 얼음이 잔뜩 든 고무 자루를 꺼내 한 손에 들고 다른 손으로는 '하드'를 뒤적거리며 뭘 먹을지 골랐다. 물론 가게 주인은 언제나 빨리 고르라고 성화를 해댔다. 좀 더 규모가 있는 슈퍼에서는 하드나 콘이 있었고 '조안나'나 '투게더'처럼 숟가락으로 퍼먹는 아이스크림도 팔기는 했다.

하지만 아이스크림 전문점인 '해태의 집'에서는 정사각

형의 새하얀 '데이트 아이스크림'을 먹을 수 있었다. 아이스크림을 먹고 나면 기념품으로 겉은 투명 비닐 커버로 싸여 있고 파스텔 색조의 속지가 있는 똑딱단추 달린 수첩을 받을 수 있었다. 이 수첩으로 말할 것 같으면 돈 주고도 살 수 없는 오직 그 아이스크림을 먹어야만 가질 수 있는 것이었다. 나는 우선은 언니 오빠들의 아지트인 '해태의 집 내부'가 궁금했고 또 네모반듯하고 새하얀, 아마도 하늘에서 내리는 하얀 눈에 맛이 있다면 '데이트 아이스크림' 맛일 거라는 생각에 언젠가는 이곳에 꼭 가보리라 마음먹었다. 게다가 기념으로 주는 그 수첩이 너무나 갖고 싶었다. 그러나 그곳을 간다는 건 굉장한 이벤트였고, 그래서 이에 상응하는 무언가를 나는 해야만 했다. 근데 사실 그때 순댓국도 너무나 좋아해서 시험을 잘 보면 '해태의 집'과 '순댓국집' 둘 중에 선택해야만 했다. 하지만 순댓국집에서는 예쁜 똑딱단추 수첩을 줄 리가 없었기 때문에 선택이 그리 어렵지는 않았다.

드디어 로망이 실현된 1979년 겨울, 눈도 내리고 몹시 추웠던 어느 날, 이모랑 막내 삼촌 그리고 나는 '해태의 집'으로 들어갔다. 밖에서 안을 들여다볼 수 있는 창은 하나도 없었고 문을 열면 오른쪽 안으로 평균 어른 허리 높이만큼의 나무로 된 카운터가 있었다. 직사각형의 탁자와 의자가 놓인 자리에는 각각 칸막이가 있었는데 그건 왠지 비밀스러워 보였고 또 아늑했다. 이모는 "여기 데이트 아이스크림!" 하고 주문을 했고, 잠시 후에 우리는 하얗고 네모반듯한 아이스크림을 마주하게 되었다. 어떻게 손에 쥐어야 할지 망설이다가 반투명 모조지로 싸인 부분을 조심스럽게 쥐고는 그 하얗고 네모난 것을 담뿍 물었다. 이건 먹어 본 맛도 아는 맛도 아니었으며, 바닐라 맛이지만 바닐라 맛도 아니었다. 추운 겨울 언니 오빠들의 아지트에서 경험한 '미지의 맛'은 '언니 오빠들의 삶이란 이런 것인가?'를 떠올리며 '언니'가 된 먼 미래의 내 모습을 생각하게 했다. 그러자 곧 '해태의 집' 바로 옆에 있던 '제일극장'이 더욱 친숙해지고 '연소자 관람불가' 영화도 얼마든지 볼 수 있을 것만 같았다. 이모와 삼촌 나는 데이트 아이스크림을 마저 다 먹고 기념으로 주는 수첩을 받아 들고 집으로 돌아왔다. 수첩은 물론 나의 차지가 되었고 우리는 아주 오랫동안 그때의 일을 이야기했다.

학교 앞 구멍가게

주머니에 몇백 원이라도 들어있으면 학교에서 보내는 시간이 즐겁다. 짤랑거리는 동전을 만지작거리며 학교가 파하면 쏜살같이 달려갈 가겟방을 생각하면 웃음이 절로 났다. 이것저것 주전부리를 사서 먹을 생각을 하면서 선생님의 종례가 빨리 마쳐지기를 기다린다. 학교를 드나들 수 있는 문은 최소한 3개는 있었다. 정문이 있었고, 정식 문은 아닌 일종의 '개구멍'이라고 할 수 있는 여자중학교를 통과해서 가는 옆 통로가 있었으며 마지막 하나는 학교 근처 동네를 통과하는 쪽문이 있었다.

학교 정문으로 나오다 보면 오른쪽에는 화단이 길게 가꾸어져 있고 왼쪽에는 어느 학교에나 있을 법한 '책 읽는 소녀'와 '이승복 어린이 동상'이 세워져 있었다. 화단에는 거의 항상 '사루비아'(샐비어)나 칸나 같은 붉은색 꽃들이 심겨 있었다. 우리는 학교를 드나들 때마다 샐비어 꽃을 쑥 뽑아서 입에 대고 쪽 단물을 빨아 먹고는 바닥에 버렸다. 나만 그런 것이 아니라 아이들 대부분이 그러고 지나다니다 보니 화단 주변에는 언제나 우리가 버린 샐비어꽃으로 붉었다. 선생님들께서는 야단도 치고 걸린 아이들을 혼내기도 했지만, 아이들은 '단 것'에 목말라했기 때문에 그 행동을 멈추지는 않았다. 밖에서 한참 뛰어놀다가 목이 말라 집으로 뛰어 들어와서는 큰 대접에 찬물을 한가득 담고 찬장에서 당원 몇 알을 꺼내 슬슬 녹여서 들이켰고, 핑크색 당의정을 겉면만 빨아 먹고는 허옇게 변한 알약을 찬장에 줄 세워 늘어놓아 꾸지람을 듣기도 했다.

샐비어 화단을 지나 정문을 나서면 양쪽에 가게가 하나씩 있었다. 간판은 없었지만 우리는 편의상 한 곳은 주인아저씨의 성씨를 따서 '홍씨네'라고 불렀고 다른 한 곳은 그 집 아들의 이름을 따서 '기철이네'라고 했다. 누가 언제부터 왜, 그렇게 불렀는지 알 수는 없지만, 그냥 옛날부터 그렇게 불렀기 때문에 우리도 두 가게를 그렇게 불렀다. 두 곳 모두 물건을 사거나 아니면 구경하는 아이들로 언제나 북적이긴 했지만 홍씨네 가게가 좀 더 우리 사이에서는 인기가 있었다. 그 이유는 홍씨네 가게가 좀 더 넓기도 했지만 그보다는 주인아저씨의 히스토리 때문이었다. 아저씨는 동그란 얼굴에 머리는 살짝 벗겨지고 검정색 뿔테 안경을 썼다. 아저씨의 부인이나 자식들인 언니 오빠들이 가끔 아이들과 실랑이를 벌이는 건 본적이 있어도, 우리가 그렇게 쥐방울마냥 자주 드나들어도 홍씨 아저씨가 화내는 건 본 적이 없다. 항상 웃는 낯으로 아이들을 맞이해 주던 아저씨는 아주 순한 인상이었는데, 사실은 엄청난 과거를 지니고 있었다. 우리에게 전해진 바로는 아저씨는 6.25에 참전했었고 당시 전투를 하다가 다리를 심하게 다치게 되었다는 것이다. 실제로도 아저씨는 한쪽 다리를 심하게 절었다.

학교에서 매일 같이 반공 웅변대회, 반공 포스터 그리기, 반공 글짓기대회가 열렸고 교내에서 입상하면 군 대회 그 다음엔 도 대회까지 이어졌기 때문에 수시로 이런 종류의 대회가 열렸다고 볼 수 있다. 이런 상황에서 우리 가까이에 '상이군인'이 있었으니, 아저씨의 존재는 남다를 수밖에 없었다.

조회 시간에는 반공 웅변 대표로 대회에 나가 엄청나게

크고 화려한 황금색 트로피를 받아온 언니들의 시상식을 흔하게 볼 수 있었다. "이 연사, 여러분 앞에 힘차게 외칩니다아! 부르짖습니다아!" 어린이임에도 불구하고 카랑카랑하고 호소력 짙은 목소리에, 주먹을 불끈 쥐고 절도 있는 몸짓을 하는 언니들은 우리에게 감동을 주었고 또 부러움의 대상이기도 했다. 또 어떤 날에는 '귀순 용사'의 증언을 듣기 위해 큰 강당이 있던 이웃 학교에 단체로 가기도 하고 반공 영화 단체관람도 자주 했는데 영화는 재미없어도 극장에 가는 것 자체가 즐거운 이벤트였다. 김일성의 얼굴과 그의 커다란 혹, 국군의 손에 들린 몽둥이, 남한은 파란색 북한은 붉은색 그리고 무궁화 등은 반공 포스터의 단골 소재들이었다.

반공교육으로 점철된 우리들의 일상에서 6.25의 흔적을 온몸으로 체현하고 있던 홍씨 아저씨는 영웅이 되기도 하고 한편으로는 연민의 감정을 동반한 친근함을 느끼게도 했다. 가게가 사람들로 너무 붐비어 더는 비집고 들어갈 틈이 없을 지경이 돼서야 아이들은 못내 아쉬워하며 기철이네로 발을 돌리곤 했다. 특별히 물건을 더 다양하게 갖춰놓은 것도 아니고 훨씬 더 친절한 것도 아니었지만 우리는 확실히 홍씨 아저씨의 삶에 감정이입을 했던 것 같다. 그러던 어느 날 홍씨 아저씨네 가게에 포장이 쳐지고 '상중'이라는 글씨가 내 걸렸다. 그러고는 한동안 가게 문은 열리지 않았다. 아저씨가 돌아가셨다는 사실을 듣게 되었고 나중에 가게 문이 다시 열렸다. 그러나 웬일인지 아이들은 그 전만큼 홍씨 아저씨네 가게를 찾지 않았고 대신 기철이네로 몰리기 시작했다. 우리는 아저씨가 없는 가게에 가는 것을 어쩐지 꺼렸고 아이들의 발길이 뜸해진 가게 안은 썰렁했다. 아마도 그때 우리는 인간의 죽음을 생각하기에는 너무 어린 나이였고 그래서 더더욱 늘 보던 사람이 이 세상에서 흔적도 없이 사라졌다는 사실은 무서움을 넘어 공포로 다가왔던 것 같다.

시간이 흐르고 중학교에 진학하면서 자연스럽게 초등학교 정문 쪽으로는 잘 다니지 않게 되었다. 또 학교 앞에서 과자를 사 먹기보다는 쫄면과 라면을 즐기러 '일미분식'이나 '아담분식'을 더 자주 갔고 학교 정문 옆에 즉석 떡볶이 집이 생기면서부터는 중학교 후문과 가까웠던 초등학교 정문 쪽은 아예 발길을 끊게 되었다. 어느 날엔가 우연히 학교 앞에 가게 되었는데 예전 모습은 거의 사라졌고 홍씨 아저씨네 가게는 아예 흔적도 없었다. 다만 정문 옆에 기철이네 가게만 문은 닫은 채 여전히 그 자리에 남아 있다.

1980.
사우디에서 온 연필깎이

여느 해 방학 때처럼 울산에 있는 친척 집에 놀러 갔다. 큰아버지 집에는 나와 내 동생보다 한 살씩 더 많은 형제가 있었고, 멀리에서부터 온 우리 남매에게 그들은 무척 살갑게 대했다. 단 한 번도 화를 내거나 우리의 부탁을 거절한 적이 없었다. 함께 노는 게 너무나 재미있어서 하루가 모자랄 지경이었다. 낯선 경상도 억양의 사투리를 따라서 말하는 것이 재미있어서 우리는 거기에서 지내는 동안 그 형제들의 말투를 따라 했다.

그 집에는 각종 '소년잡지'가 넘쳐났고 '학습 대백과사전'이며 '계림 문고'에서 나오는 〈소년·소녀 세계명작문고〉도 있었다. 그것만으로도 내가 그곳에 오랫동안 머물러 있을 충분한 이유가 되었다. 방학이 거의 끝나갈 무렵 우리를 데리러 엄마가 왔고, 방학 숙제 따위는 애초부터 할 생각도 없었다. 나를 매혹했던 그 집의 수많은 물건 가운데 단 하나 유일하게 갖고 싶은 것이 있었다. 하늘색 메탈로 만들어져서 무게가 꽤 나갔던 알파벳 제트(Z)처럼 생긴 그리고 오른쪽에 검정 손잡이가 달린 연필깎이였다. Made in USA가 선명하게 적힌 정말 그야말로 신문물이었다.

큰아버지는 내가 단지 연필깎이라는 것을 갖고 싶어하는 것으로 생각하셨는지, 당시 한국에서 막 출시된 플라스틱 재질에 직사각형 모양이고 노랑과 검은색의 깜찍한 연필깎이를 부랴부랴 사 오셨다. 하지만 이미 내 마음은 '하늘색 연필깎이'에 완전히 가 있었기 때문에 큰아버지가 사 온 것 말고 '미제 하늘색 연필깎이'를 갖고 가겠다고 고집을 부렸다. 나보다 한 살이 많았던 큰집 형제 중의 첫째는 꽤나 오빠처럼 굴면서 흔쾌히 자신이 아끼는 것을 내어 주었다.

당시 열사熱沙의 땅 사우디에 갔었던 막내 삼촌은 한국에 돌아오면서 조카들 선물로 연필깎이를 사 왔다. 하지만 우리의 것은 없었다. 형의 부재는 어쩌면 그가 남긴 유일한 피붙이인 조카에게까지는 관심과 애정의 여력이 미치지 못하게 했을지도 모르겠다. 엄마는 이 일을 두고두고 서운하게 생각했지만 그래도 손에 넣은 미제 연필깎이는 심적으로든 물적으로든 어떤 확실한 보상이 되었다.

책가방에 넣고 다니기에는 그 연필깎이가 무겁고 컸지만 나는 개학 후 언제나 아침마다 그것을 챙겨서 집을 나섰다. 쉬는 시간이면 아이들은 연필을 들고 내 책상 주변으로 몰려들었고 서로 자기 연필을 깎아 달라고 했다. 예상했던 대로 인기 폭발이었다. 그러다가 어떤 아이들은 자신이 직접 기계를 돌려보면 안 되냐고 애원하듯 부탁했지만 나는 들은 체도 안 했다. 대신에 거만한 태도로 우쭐거리며 반 친구들로부터 건네받은 연필을 끼우고 검정 손잡이를 돌리면서 사정없이 깎아댔다. 세게 돌릴수록 연필심은 날카로워졌고, 나무 깎이는 소리와 흑심이 갈려 나가는 소리가 그렇게 경쾌할 수가 없었다. 그러다 시간이 흐르고 나도 이 일에 어느 정도 싫증이 난 상태가 되었을 때, 시골 읍내 초등학교에도 서울에서 이모가 보내준 혹은 삼촌이 보내준 연필깎이들이 등장하게 되었다.

그러던 어느 날 시들해진 내 마음에 확 불을 질러버린 사건이 일어났는데, 바로 우리 반 남자애가 '모나미' 연필깎이를 학교에 가져온 것이었다. 같은 반 남자아이의 큰 누나가 서울에 있는 모나미에 다니고 있었고 그 누나가 연필깎이를 보내주었다는 것이다. 그 애는 나에게 보라는 듯이 친구들의 연필을 신나게 깎아주었고 나와는 달리 반 친구들에게도 흔쾌히 직접 기계를 작동해 볼 기회를 주기도 했다. 어느 날 그 남자애는 자기 연필깎이의 우월함을 뽐내고 싶었는지 나에게 대결을 신청했다. 나는 올 것이 왔다는 듯 담담하게 대결을 받아들였고 우리는 반 아이들에게 둘러싸여 누구의 기계가 더 뾰족하게 연필을 잘 깎을 수 있는지 혼신을 다해 결전에 임했다. 우리는 공정한 대결을 펼치기 위해 새 연필을 준비했고 어느 정도 연필이 다 깎였을 때의 그 헐거움의 정도를 소리와 손끝으로 감지하면서 대결을 끝냈다. 그러나 아쉽게도 결과는 맨눈으로 보기에 큰 차이가 없었다. 그래서 우리는 흑심의 끝을 손가락에 대어 보면서 누구의 연필심이 더 예리하고 날카로운지 비교해 보았다. 옆에서 구경하던 아이들은 서로 자기가 편들어 주고 싶은 친구의 것이 더 성능이 좋은 것 같다고도 하고 '미제'와 '국산'의 대결이라고도 했다. 하지만 어쩐지 이제 이런 것들이 시들해졌고, 내 마음은 누가 이기든 말든 별로 상관이 없다는 쪽이었다. 수업이 끝난 후 집으로 돌아올 때 책가방 안에 들어있는 하늘색 금속 연필깎이가 문득 무겁다고 느껴졌다.

다음 날부터 나는 다시 문방구용 칼을 필통에 넣어 학교에 갔고 경쟁상대가 없으니 그 친구도 흥미를 잃은 것 같았다. 이후 반짝반짝하는 은빛의 '하이샤파' 연필깎이가 대세를 이루고 학교에 나처럼 무리해서 연필깎이를 가져오거나 하는 아이들은 없었다. 대신 아이들 대부분은 다시 문구용 칼을 하나씩 필통에 넣고 다니면서 그것으로 연필을 깎았다. 연필을 살살 돌리면서 사각사각 모양을 잡아가며 연필을 깎는 행위는 흡사 '도를 닦는' 것과 유사하지 않은가 생각된다. 지금 생각해도 잘 납득할 수 없긴 한데, 나는 선생님께서 수업을 하는 중에도 연필 한 자루, 칼 하나를 들고 교실 맨 구석의 쓰레기통 앞으로 가서 슥삭슥삭 연필을 정성스럽게 깎곤 했다. 요리조리 돌려보며 나무에 새겨지는 날 자국을 균일하게 맞추면서 오랫동안 깎고 있으면 어느샌가 친구도 슬쩍 다가와서 연필을 깎았다. '올해도 과-꽃이 피-었습니다.'로 시작하는 노래를 정말 좋아하셨는지 J읍의 '미륵댕이'로 소풍 갔을 때 술에 취해 그 산속에서 우리에게 계속 그 노래를 끝도 없이 부르게 했던 선생님. 웬일인지 선생님께서는 우리들의 수업 시간 '연필깎이 일탈'을

단 한 번도 꾸짖은 적이 없었다.

아주 가끔 초등학생 교실답지 않게 침묵과 고요가 교실에 가득해지고, 어디선가 사각사각 연필 깎는 소리가 들리면 그렇게 마음이 차분해질 수가 없었다. 당시 인생 최대의 위기로만 여겨졌던 많은 일들, 모래 속에 묻어 놓았다가 잃어버린 유리구슬 백 개에 대한 미련, 먹고 싶은 것보다 늘 부족했던 과자, 엄마가 친한 친구 집에 못 가게 했던 알 수 없는 이유, 꼭 갖고 싶었던 종이 인형, 소설에서처럼 미지의 친척으로부터 유산 상속받는 꿈, 내가 원하는 것이면 무엇이든지 이룰 수 있게 하는 요술반지에 대한 집착 같은 욕망에서 벗어나 결핍이 주는 정갈함의 정체를 이미 저 나이에 깨달았던 것일까? 그럴 리는 없었겠지만 어떤 '갈망'과 현실에서는 도저히 실현 가능성이 없는 것처럼 보이는 것들에 대한 '상상', 그 둘 사이를 오며 가며 그 시간을 지내왔던 것 같다. 물론 이 시간을 견딜 수 있게 하는 데에는 동화책과 만화, '주말의 명화'는 필수요소가 된다. 그리고 친구들과 들로 산으로 망아지처럼 뛰어다니면서 때때로 이소룡 권법을 연마하며 모험의 내러티브를 구상하는 것은 충분조건이다.

1980.
얼음 뗏목

칼바람이 부는 한겨울, 쌓인 눈을 밟을 때면 발이 푹푹 빠졌다. 한동네에 사는 고만고만한 또래 남자애들과 제법 청소년 태가 나는 남자애들이 냇가에 모여 있다. 시골은 사방천지가 놀이터였다. 여름에는 냇가에서 멱을 감거나 낚시점에서 어항을 사다가 안에 깻묵이나 된장 같은 걸 넣고는 피라미가 잡히길 기다리거나, 혹은 바늘 끝에 파리 모양을 한 가짜 미끼를 달아 물고기를 잡기도 했다. 봄에는 냉이나 씀바귀 같은 나물 캐러 다니고 가을에는 논 한 가운데 쌓아 놓은 볏짚 위에서 뛰어놀곤 했다. 그렇게 활개 치며 봄, 여름, 가을을 지나고 겨울이 오면 대개는 집 안에 틀어박혀서 만화책을 읽거나, 이미 다 읽은 〈소년소녀 세계문학전집〉을 반복해서 읽었다. 그러다 너무나 지루해지면 밖으로 나갔는데 그때를 생각해 보면 너무 추웠다는 생각밖에 안 든다. 딱히 갈 곳이 없어 친구네 집에라도 가면, 거의 온 식구들이 다 집 안에 있어서 눈치가 보이고 그러다 보니, 돌아다니다가 애들이 모여 있는 곳이면 자연스럽게 기웃거리게 되었다.

좀 나이가 들어 보이는 '동네 형들' 손에는 도끼랑 삽이 들려 있었고 걔들은 냇가 모래에서 멀리 떨어진 곳까지 아주 넓은 반경으로 얼음을 깨기 시작했다. 장갑도 끼지 않은 손은 차가운 겨울바람에 얼어 터져서 손등에는 더껑이(더께) 같은 게 있었는데, 남동생 손등도 그랬다. 외할머니는 그런 동생의 손을 보고 늘 '소궁뎅이' 같다고 했다. 땅과 접해있는, 얼음을 제외한 나머지 부분을 모두 깨어내고 긴 장대를 냇가 바닥에 찍고 힘을 주어 밀면 드디어 땅에 접해있던 얼음이 쩌어억 소리를 내며 떨어져 나간다. 항해 시작이다. 아이들은 한겨울 냇가의 얼음물이 얼마나 차가울지 전혀 모르고 또 물에 빠진다는 것은 애당초 계획에 없기 때문에 겁이 없다. '겁을 상실한' 애들은 얼음 위에 오른다. 냇가 한가운데는 제법 깊어서 얼음이 얼지 않았고, 그래서 얼음 뗏목은 아주 천천히 냇가 한가운데로 떠내려가다 '송산

다리' 쪽으로 떠내려간다. 나는 허구한 날 모험이니 탐정이니 아지트니 하는 말들을 입에 붙이고 살았기 때문에 그저 이 모든 상황이 놀랍도록 즐거웠다. 얼음 뗏목 위에 올라탄 우리는 그저 모두 허클베리 핀이나 톰 소여 그리고 무인도 소녀 '플로네'나 된 것처럼 들떠서, 냇가에 빠질 수도 있다는 사실은 애 저녁에 까먹고 깔깔깔 호들갑을 떨면서 장대를 노 삼아 더 힘껏 냇가 한가운데로 밀어내었다. 그러다가 얼음 위로 물이 차박차박 올라오고 얼음이 슬슬 녹으면서 운동화부터 축축해지기 시작했다. 느리게 움직이던 얼음 뗏목 한쪽이 물에 잠기기 시작했고 결국 동생이 빠졌다. 동생까지 데리고 나는 무슨 생각으로 이 얼음 위에 올라탄 것일까? 할머니는 나에게 극성맞다는 말을 자주 했다.

동생을 겨우겨우 끌어 올려서 간신히 '육지'에 닿았다. 세찬 겨울바람에 금방이라도 동태가 되어버릴 것 같은 동생을 데리고 눈 쌓인 둑길을 뛰다시피 걸어 집에 도착했다. 막상 도착하고 나니 머릿속이 갑자기 복잡해졌다. 동생을 그 지경을 만들었다고 엄청나게 꾸지람을 들을 것만 같아 동생한테 '니가 혼자 놀다가 그런 거'라고 시켰다. 나는 가끔 동생에게 입막음을 시도하는데, 한 번은 페달에 발이 닿지 않는 어른용 자전거를 타고는 뒤에 동생을 태우고 큰 도로로 나갔다가 핸들을 그만 덜 꺾는 바람에 논바닥으로 굴러떨어진 적이 있었다. 다행히 가을 추수가 걷힌 논바닥은 축축하고 부드러웠다. 다만 자전거 핸들에 명치를 콱 찍혀 숨도 잘 안 쉬어지는 상황에서 간신히 내뱉은 말은 '엄마한테 이르지 마'였다. 동생까지 뒤에 태우고 발도 안 닿는 자전거 탔다고 훗날 생각을 하니 덜컥 겁이 났다. 동생은 이런 나의 약점을 교묘하게 이용하곤 했다.

 무모한 얼음 뗏목 항해는 그렇게 일단락되고 여름이 왔다. 냇가는 우리가 최고로 사랑하는 놀이터였다. 그러나 냇가라는 곳은 항상 즐거움과 위험이 공존하는 곳이어서 어른들은 한사코 그곳에 가는 것을 말렸다. 여름방학이 끝나고 학교로 돌아오면 몇 학년 누가 냇가에 빠져서 죽었다는 이야기를 듣기도 해서 겁이 나기도 했지만, 사실 우리 같은 어린이들에게 '죽음'이란 건 현실적으로 크게 와 닿지 않는 일이어서 이내 잊어버렸다. 매달 치러야 하는 월말고사와 중간 기말고사가 있었지만, 산으로 들로 냇가로 쏘다니는 게 일이었고, 삼총사니 사총사니 하면서 건수만 생기면 친구들과 몰려다니면서 탐험할 만한 동굴을 찾으러 다녔는데, 사실 동굴이라는 게 흔하게 있을 리가 없다. 그래서 그땐 여기저기 아지트도 참 많이 만들어 놓았던 것 같다. 아지트 근처 감자밭에서 몰래 서리해다가 다리 밑에서 불 피워 구워 먹던 적도 있다. 부모들의 간섭도 심심할 틈도 없었다.

아이들 서너 명쯤은 거뜬히 감당할 수 있다고 생각해서 주저함 없이 '얼음 뗏목'에 올랐던 나의 무모함은 용감함은 아니었던 것 같다. 그때나 지금이나 내 모험은 위인전기의 한 장을 장식하고 있는 모험가와 탐험가들 앞에 붙여지는 '위대한' '용감한'이란 거창한 수식어와는 거리가 있다. 그보다는 '조촐함'과 '주저함'이 내 모험의 수식어들이다. 모험은 지금까지도 내 삶의 화두이다. 무엇이든 두려워진 세상에서 아무것도 두려워하지 않았던 때가 있었다는 것을 기억한다.

1980.
내 인생 최대의 장마

 우리 집은 외딴집이면서 지대가 높아 멀리서도 보였다. 더군다나 그 동네에서는 보기 드문 '불란서 양옥'이었기 때문에 지붕은 짙푸른 코발트색에다가 벽의 기둥들은 붉은 벽돌색 타일에 조각조각 돌조각을 붙여 한껏 멋을 부렸다. 물론 겉만 으리뻔쩍하다. 지대가 높아 마당에 그냥 서서 보아도 맨눈으로 꽤 멀리까지 보인다. 또 그때는 지금처럼 고층 아파트가 시야를 가리는 것도 아니어서 사방이 탁 트여 광활해 보이기까지 했고 그 덕에 달랑 하나 있는 우리 집은 더더욱 쓸쓸해 보였다. 저 멀리 왼쪽으로 한 2-3 킬로미터 정도 거리에 '소전(우시장)'이 있었고 '우시장'이 서는 날이면 그곳에 사람들과 소들이 바글바글 모여 있는 것이 우리 집에서도 보였다. 그곳의 구조는 마을 한가운데에는 넓게 공터가 있고 미음자 모양으로 빙 둘러 작은 집들이 연이어 있었다. 가운데 공터는 검은빛의 진흙투성이에다가 소똥도 섞여 있어서 근처만 지나가도 냄새가 났지만, 참을 수 없을 정도는 아니었다. 똥은 돼지똥 냄새가 고약하지 소똥은 못 맡을 정도는 아니었다. 소전 사람들은 평상시에는 그곳에서 장사를 하고 J읍 오일장이 열리면 리어카에 그릇이며 솥 등 집기들을 잔뜩 싣고 나와 시장통 공터에 하얀 천막을 치고 국밥을 팔았다. 딸처럼 보이는 언니가 리어카 뒤를 밀고 갔다.

그 공터에는 공중변소도 있었는데, 어느 날 급한 볼일로 들어갔다가 도저히 발을 디딜 수가 없어서 도로 나온 적이 있었다. 나는 장날이면 학교 끝나고 바로 집으로 가지 않고 으레 장 구경을 하느라 대부분 시장을 어슬렁댔다. 그러다 괜히 하얀 천막이 쳐 있던 국밥집 근처에도 슬쩍 지나가 보면서 그 언니가 있나 살펴보기도 했다. 외딴집에 살던 나는 언제나 동네 친구가 그리웠다. 그러던 어느 해 여름, 비가 엄청나게 쏟아졌는데 장대 같은 비가 그칠 줄 모르고 계속해서 내리더니 어느덧 J읍 냇가에 물이 불어나기 시작했다. 우리 집에서 소전(우시장)만큼의 거리에 둑방길이 있었는데 그 너머 물이 차오르는 게 보일 정도였다. 문득 성당 교리 시간에 들었던 '노아의 홍수' 이야기가 생각났다. 초저녁에 성당 놀이터에서 놀다 신부님한테 혼난 이후로는 발을 끊었는데, 걱정이 되었다.

나는 우리 집에서 제일 높은 다락방으로 올라가 조그만 창문으로 내다보았다. 이미 보강천 냇물이 엄청나게 불어났고 온갖 것들이 휩쓸려 떠내려가고 있었다. '요단강 다리' (언젠가 엄마가 하신 말씀에 따르자면, 그렇게 불렸던 이유는 다리 건너 사단 부대에서의 군 생활이 무척 힘들었기 때문이라고 한다.) 밑으로 물이 넘칠 것처럼 넘실댔고 그 속에 돼지도 보였다. 냇물은 진흙탕 색으로 변했고 무서운 속도로 하천을 따라 내리닫고 있었다. 나는 '돼지가 떠내려간다'고 할머니를 향해 소리쳤다. 할머니는 '여기는 지대가 높아서 괜찮다'고 이야기했지만, 둑방이 무너지면 그 물이 다 우리 집으로 밀려 들어올 것만 같아서 나는 안절부절못했다. 우리 집 식구들은 의외로 담담했다. 세상에 이런 물난리가 났는데도 말이다. 얼마쯤 지났을까? 빗줄기가 가늘어졌다. 집에서 보이는 소전이 완전히 물에 잠겼다. 소전이 있던 동네는 지대가 아주 낮아서 그곳 사람들은 비가 내릴 때부터 필요한 물건을 대충 챙겨

피난 준비를 하고 있었던 모양이다. 그들은 어느새 우리 집 처마 아래에서 비를 피하고 있었다. 나는 작은 방 창문으로 지붕 처마 아래 서 있는 그들의 뒷모습을 훔쳐보았다. 왠지 내가 보고 있다는 걸 들키면 안 될 것만 같았다. 그들은 잠시 그렇게 서 있다가 어딘가로 떠났다. 물에 잠긴 집을 바라보면서 남의 집 처마 아래에서 잠시 비를 피하고 있었던 그 심정이 어땠을까. 어른들의 삶의 무게를 함께 지고 살았던 그 언니, 그리고 아이들. 아침에 일어나 마당에서 세수하다 소전 쪽을 바라보면, 벌써 학교 갈 준비를 마치고 길을 따라 죽 걸어가는 그 동네 아이들이 보인다. 지금은 소전 자리에는 대단지 아파트가 들어서 있고 둑방길은 벌써 없어진 지 오래다. 시야는 꽉 막혔다. 지대가 높은 곳에 위치한 코발트색 지붕의 불란서 양옥집 자리는 J읍에서 제일 복잡한 로터리와 도로로 바뀌어 버렸다. 흔적은 찾아볼 수가 없다. 그 장소의 지도 그리기는 '인지적 지도 그리기'로서 오직 내 기억 속에서만 이루어진다.

장마 이후,
돼지를 잡다

 물난리가 나고 돼지며 가축들이 물에 떠내려갔다는 소식을 들었다. 우리 집 돼지는 멀쩡하게 잘 자라고 있었는데 물난리 후에 갑자기 그 돼지를 잡는다고 한다. 학교 갔다가 집에 돌아와 보니 돼지는 이미 온데간데없고 커다란 붉은 다라이(대야)에 순대 속이 꽉 차 있었다. 할머니랑 숙모는 기다란 돼지 창자에 돼지 피와 야채, 당면 등이 섞인 순대 속을 꽉꽉 채우고 있었다. 돼지머리는 건널목 초소에 근무하는 아저씨들에게 주었다고 했다. 꼭 잔치라도 벌어진 것처럼 집 안은 시끌시끌하고 분주했다. 엄마는 돼지 포를 떠서 염장을 해두었고 순대서부터 고기까지 한참을 먹고 나서 가장 끝까지 남았던 것은 돼지기름이었는데 숙모는 야채며 고구마를 그 기름에 튀겨 주었다. 나는 기름이 굳을 수 있다는 것을 돼지기름을 보면서 처음 알게 되었다. 그 기름은 노란 투명한 색으로 녹으면서 무엇이든지 지글지글 볶고 튀겨내면서 고소하게 만들었다. 숙모가 만들어 준 고구마튀김에서 돼지 냄새가 좀 나는 것 같다고 생각했지만, 그런 것은 아무 문제가 되지 않았다. 많은 양의 기름을 이용한 튀김 요리는 가정집에서는 하기 어려웠고 가끔 어쩌다 먹는 야채튀김이나 특히 오징어 튀김은 그야말로 환상적인 맛이었다. 그냥 튀긴 건 다 맛있었다. 그러다 보니 집에 (돼지) 기름은 넘쳐나고 뭐든 튀겨내는 것은 일도 아니었다.

그러던 어느 날 할아버지 제삿날이 되었고 숙모는 그날 때를 맞춰 역시나 몇 가지를 튀겨내었다. 제사상에 올리려고 했던 건지 아니면 그냥 산 사람들 먹으라고 튀겼던 것인지는 잘 기억나지 않는다 음식 준비로 우리 집 여자들은 분주했고 그러던 중에 친구가 놀러 왔다. 친구와 한참을 놀다 보니 어느덧 저녁 먹을 시간이 되었고, 할머니는 내 친구에게 저녁을 먹고 가라고 권했는데 친구는 빨리 집에 가봐야 한다며 서둘렀다. 그러자 할머니는 튀김이라도 싸서 친구에게 주라며 노란 봉투에 이것저것 담아 주었는데, 친구는 어쩐 일인지 받으려고 하지 않았다. 친구를 데려다주면서 다시 한번 봉투를 건네주었는데 여전히 완강하게 거부를 했다. 또 잠시 함께 걷다가 친구 손에 억지로 쥐여주고는 막 돌아서 왔다. 혹시나 해서 오던 길을 되돌아보니 튀김이 담긴 노란 봉투가 길바닥에 놓여 있고 친구는 저만치 뛰어가고 있었다.

난 사실 그때 친구가 그 맛있는 튀김을 그토록 거부했던 이유를 도무지 알 수가 없었고 지금도 정확히는 모른다. 다만 막연하게 제사 음식에 대한 어떤 금기가 있었던 것은 아닌가 추측해 볼 뿐이다.

1980.
켄터키 후라이드 치킨

학교에서 "켄터키 옛집에 햇빛 비치어"로 시작하는 노래를 배웠고 동화책 스토우 부인의 〈톰 아저씨의 오두막집〉도 읽었다. 하지만 '켄터키'는 여전히 낯설었다. J읍 시내와는 좀 멀리 떨어진 거리에 있는 우리 집에서 학교든 시장이든 어디든 가려고 나서면 반드시 지나쳐야만 하는 곳에 '켄터키 후라이드 치킨' 집이 있었다 켄터키아 '후리이드' 치킨이라니... 이 두 단어의 조합은 당시 나에겐 너무나 이국적이어서 상상하기가 어려웠다. 가게 근처에 다다르면 고소한 기름 냄새가 코를 찌르기 시작했고 유리로 만든 창문형 쇼윈도에 발을 곱게 포개고 누워있는 튀김 닭의 자태는 저 멀리 나의 감각이 닿지 않는 상상 속의 장소 켄터키와 닮아있었다.

'켄터키 후라이드 치킨' 집 이전에 튀김 닭이 아예 없었던 것은 아니었다. 그 당시 우리가 흔히 보던 닭집의 풍경은 '살아있는 닭들이 두 눈을 시퍼렇게 뜨고' 닭장 안에 있는 것이었다. 어떤 맥락에서였는지 모르지만 우리는 "총알이 빗발치던 전쟁터"(「전우가 남긴 한마디」-허성희)로 시작하는 노래에 '식칼이 번쩍이던 통닭집 정말 두렵구나, 두려워! 손님을 위해 목숨을 바친 정의의 통닭들아. 마지막 남긴 그 한마디가 꼬끼오!' 이런 엉터리 가사를 붙여 신나게 불렀다. 손님이 오면 선택된 닭은 회색의 원통형 기계에 들어가 무참히 털을 뽑혔다. 털 뽑는 기계 옆에 있던 아름드리나무 밑동으로 만든 도마 그리고 그 위에 놓여 있던 칼, 흩어진 깃털들 비릿한 냄새 이런 모습의 '닭집'과 '켄터키 치킨집'의 차이는 그야말로 '닭'과 '치킨'의 거리만큼이나 컸다. '켄터키'는 흑인 노예였던 톰 아저씨의 고향이며, 아저씨의 고향은 내가 알던 〈쏘머즈〉와 〈원더우먼〉 그리고 〈육백만 불의 사나이〉 그 자체인 미국과는 전혀 관련이 없는 곳이라고 생각했던 것 같다. 그래서 켄터키는 저 아메리카 대륙의 어디쯤, 고통스러운 노예의 삶을 살아가는 엉클 톰의 오두막집이 있는 그 어딘가로 상상되기도 했지만, 코끝에 진동하는 닭 튀긴 냄새, 그 이국적인 기름내는 '치킨'으로 대별되는 아메리카를 향한 강한 열망과 동경을 품게 했다.

기가 막힌 전략과 전술로 매번 전투에서 승리하는 미군의 모습은 TV 드라마 〈전투 combat〉의 반복되는 내러티브다. 우리는 언제나 '우리 편'인 미군을 응원했고 아무런 이유 없이 드라마 속 소련군을 적으로 간주했다. 미국은 내가 그토록 가보고 싶어 했던 디즈니랜드가 있는 곳이었고 그곳에서 마법 같은 일들이 벌어지기를 지독하게 간절히 바랐었다. 그러나 이제 와 생각해 보니 아프리카계 미국인들이 배고픔을 견디기 위해 만들어 낸 소울푸드, 치킨으로 아시아의 남한 그것도 사방이 막힌 초 내륙지역에 사는 여자애가 가장 미국적인 것을 상상했다는 것이 왠지 좀 서글픈 생각이 든다.

매체를 통한 시각적 경험에서 어느 날 갑자기 다가온 '후각'으로의 아메리카니즘 전환은 우리들의 본능을 더욱 자극했다. 거부할 수 없는 후각의 유혹은 시퍼렇게 살아있는 닭을 그 자리에서 잡아 주는 '닭집'이 아니라 그 모든 과정은 생략하고 오로지 고소한 기름 냄새와 바삭한 상태만을 보여주는 '켄터키 후라이드 치킨'만을 '치킨'으로 인정하게 했다. J읍에는 '켄터키 후라이드 치킨' 집에 이어, 아마도 그 이듬해였는지 명확하진 않지만, 또 다른 한 군데에 치킨 집이 생겼다. 검정 벽돌로 가게 전면을 꾸몄고 내부는 어두컴컴했다. '두 시 켄터키 치킨'은 생맥주도 함께 팔았고 치킨을 사면 쿠킹포일에다가 채 썬 양배추를 담아 케첩을 뿌려서 담아 주었다. 서울이나 다른 큰 도시에서는 '후라이드 치킨'의 전 단계인 '전기구이 통닭' 시대가 있었다고 하지만, J읍에서는 전혀 본 기억이 없다. 이곳에는 '닭집의 튀김 닭'에서 '켄터키 후라이드 치킨' 그리고 87년도쯤 오픈해서 지금도 여전히 성업 중인 '페리카나 치킨'이 있다.

1980.
빨간 롱부츠

〈누가 누가 잘하나〉라는 어린이를 위한 텔레비전 경연 프로그램이 있었다. 아마 최근까지도 방영되고 있는 것으로 알고 있는데, 노래 잘하는 어린이를 뽑는 이 프로그램은 당시 우리에게 꽤 인기가 있었다. 이 프로에 나오는 아이들은 하나같이 똑 부러지게 자기소개를 했고 노래도 잘했지만 입고 나오는 옷이나 신발이 너무나 멋졌다. 특히 겨울이 되면 방송에 나오는 서울의 리라초등학교 여자아이들은 하나같이 빨간색 롱부츠를 신었다. 무릎 바로 아래까지 오고 날렵하게 쭉 빠진, 광택이 나면서 부츠 안쪽에는 길게 지퍼가 달려있었다. 완전 새빨간 색도 있었지만 약간 자줏빛이 감도는 빨간색 혹은 검정 부츠를 신었던 여자아이들도 가끔 출연했다. 또 여기에다가 더 멋을 내기 위해 긴 머리에 베레

모까지 갖추어 쓴 아이도 있었다.

나는 자칭 J읍 어린이들의 패션리더(이것은 전적으로 개인적 견해임을 감안해 주길)였기 때문에 그 여자애가 신고 나온 롱부츠를 그림으로 최대한 똑같이 그려서 엄마에게 보여주며 딱 요렇게 생긴 것으로 사다 달라고 신신당부했다. 마침 '짱구 보세'를 운영하던 엄마는 물건을 하기 위해 서울에 자주 갔었고 그때마다 최신 유행하는 옷이며 신발을 사다 주었다. 내가 뭔가 새로운 스타일의 옷을 입고 가면, 우리 학교 몇몇 여자아이들은 그 옷과 똑같은 것을 사느라 청주 시내를 온통 찾아다녔다. 그러다 기어이 몇 개월의 시차를 두고 비슷한 스타일을 찾아서 나에게 보란 듯이 학교에 입고 왔다. 하지만 역시 누가 제일 먼저 입었는가? 라는 그 시차가 중요했다. 우리 학교에서 아직 빨간 롱부츠를 신은 아이는 본 적이 없었고 나는 그림으로도 그려서 보여주고 설명도 자세히 하면서 이번에는 반드시, 꼭 그 부츠를 사 오라고 엄마에게 간청했다. 드디어 엄마는 서울에서 사 온 부츠를 내 앞에 꺼내 놓았다. 난 그 전날 잠도 이룰 수가 없었고 기대감에 울렁거리기까지 했다.

그런데, '아'하는 탄식이 나도 모르게 새어 나왔고 분하기도 해서 눈물을 뚝뚝 흘렸다. 내 눈앞에 놓인 것은 '롱'도 아니고 '작크(지퍼)'도 없고 '빨간색'도 아닌, 더군다나 투박하기 그지없는 디자인의 감귤 색 부츠였다. 아니 그냥 장화라고 하는 편이 나을 것 같다. 엄마는 그 작크 달린 빨간 롱부츠가 촌스러워 도저히 사 올 수가 없었다고 하면서, 이게 얼마나 세련됐냐며 나를 설득하고 달랬다. '촌·스·럽·다·니!' 하지만 결국 엄마의 말에 수긍하게 되었고 한겨울 따뜻하게 잘 신고 다녔다. 이 감귤색 부츠에 대해 좀 더 설명하자면, 신발 밑창 부분은 좀 달랐지만 디자인이 꼭 어그부츠와 흡사하고 신는 방법도 어그부츠처럼 한 번에 발을 쏙 집어넣는 식이다. 이 부츠로 말하자면 신고 벗는데 그렇게 편할 수가 없고 아주 깊은 곳만 제외하면 눈 쌓인 곳에 푹푹 들어가도 발이 하나도 시리지 않았다.

그때는 서울에서 사 왔다고 하면 무엇이든 특별나 보였다. 전 지구적 네트워크 시대에 살면서는 좀 우스운 이야기일 수 있는데, 그때 우리는 '서울에 가본 아이'와 '서울에 못 가본 아이'로 나뉘어 '거기에 뭐가 있느니 없느니, 네 말이 틀렸느니 맞았느니' 하는 대토론 같은 걸 한 적이 있다. 또 '서울에서 누가 전학을 왔다.' 하면 그 애를 보러 우르르 몰려가기도 했고 다른 곳이 아닌 '서울'에서 전학을 왔기 때문에 공부는 무조건 잘할 거라고도 생각했었다. 지금도 기억나는 서울에서 전학을 왔던 남자애들 두 명이 있는데 한 명은 우리 주변에 있던 좀 거친 남자애들과는 다르게 상냥해서 여자아이들한테 꽤 인기가 있었다. 반면에 다른 한 아이는 거의 외톨이처럼 지냈던 것 같은데 이름이 외자였고 키는 좀 작았으며 아버지가 에콰도르인가 볼리비아로 일하러 가셔서 형하고 둘이서만 산다고 했다. 이 친구는 얼마 안 있다가 아버지가 계신 곳으로 간다며 떠났다.

에콰도르, 볼리비아? 우리는 모이면 '아이엠 그라운드' 게임을 자주 했다. 특히 나라 이름 대기 같은 것을 할 때면 우리는 미국이나 영국, 프랑스, 독일, 이탈리아 세계 구석구석의 이름들을 외치곤 했지만, 사실 그런 곳들을 실제로 언젠가는 가볼 수 있을 거라는 현실감은 전혀 없었다. 나라 밖 또는 국경을 넘는다는 것은 그저 상상으로만 가능하다고 여겼고 우리가 생각할 수 있는 문명의 최대치로 기능하는 곳은 오로지 서울뿐이었다. 지퍼가 달린 빨간색 롱부츠를 끝내 신을 순 없었지만, 그것은 한때 나에게 도시 문명을 향한 강한 열망을 불러일으켰던 것은 분명하다. 나의 빨간색 롱부츠를 향한 욕망은 엄마의 '촌스러운 스타일'이라는 말 한마디에 일단락이 지어졌다.

아주 한참 뒤에 한 번도 서울 강남을 벗어나서는 살아 본 적이 없는 친구를 알게 되었다. 그 친구 집에서 어린 시절 사진이 가득 담긴 앨범을 볼 기회가 있었는데, 아! 이럴 수가!! 나의 욕망 그 자체였던 '지퍼 달린 빨간색 롱부츠'가 바로 그 친구의 사진 속에 있었다. '어머나 세상에, 이 부츠 이걸 여기서 보게 되다니!' 나의 급작스럽고 격렬한 반응에 친구는 좀 어리둥절해했다. 친구에게 이 부츠가 나에게 어떤 의미가 있었고 또 얼마나 갖고 싶어 했었는지를 이야기했다. 친구는 당시 이 부츠가 얼마나 유행했는지 그리고 반 여자아이들 대부분이 이 신발을 가지고 있었다는 사실을 말해 주었다. 여자아이들 사이에 빨간색 부츠가 대유행이였다면 남자아이들 사이에서는 '야구점퍼'가 인기였다.

당시 남자아이들 사이에서는 '리틀야구단' 가입이 엄청난 화젯거리였는데, 82년도에 프로야구가 출범하면서 당시 충북은 OB 베어즈가 지역 연고 구단이었다. 리틀야구단 멤버가 되면 아마도 '특전'이 있었던 것 같은데, 자신이 멤버라는 사실을 가장 표면적으로 드러낼 수 있던 것이 '야구점퍼'였다. 우리 반에는 한두 명 정도가 OB 베어즈 리틀야구단 점퍼를 입었던 것에 비해 그 친구네 반 남자아이들은 대부분 서울 지역 연고인 MBC 청룡 리틀야구단 점퍼를 가지고 있었다고 했다.

1980.
거짓말 탐지기

노래 「과꽃」을 좋아하는, 얼굴은 대추 씨처럼 갸름했고 금테 안경을 쓴 선생님의 표정이 무척 심각해 보였다. 우리는 모두 눈을 감고 두 손은 가지런히 책상 위에, 손바닥을 아래로 해서 올려놓았다. "돈 가져간 사람은 조용히 눈을 떠라." 교실 안에는 숨소리조차 들리지 않는다. 놀라운 청각 능력의 '소머즈'라면 충분히 들었겠지만, 아무리 귀를 바짝 세워도 인기척 하나 들리지 않았다. 그때 학교에서 우유 급식을 했는데, 한 달에 얼마를 내면 소가 그려져 있는 회수권 같이 생긴 표를 한 묶음 주고, 그 묶음에서 한 장씩 떼어 우유 당번에게 주면 당번은 그 표를 걷어서 우유 급식소에 가서 받아오는 것이다. 교실에는 우유를 먹는 아이들도 있었고 먹지 않는 아이들도 있었고, 아주 가끔은 받아온 우유가 모자랄 때가 있었지만 그런 경우는 거의 드물었다.

하루는 우윳값을 걷는 날이었는데, 선생님께서 걷기 전에 한 아이가 그 돈을 잃어버리게 되었다. 우리는 모두 잠재적 도둑으로 간주되어 숨죽이고 앉아 있었다. 교실은 고요하다 못해 적막했고 침 삼키는 소리만 들렸다. 선생님께서는 우리에게 남의 돈을 훔쳐 가는 것이 얼마나 나쁜 일이며, 바늘 도둑이 소 도둑놈이 된다는 이야기서부터 나중에 어른이 되어서도 사람 구실을 못 하고 살 것이며 맨날 교도소만 들락거리다 결국 콩밥 먹다 인생이 끝날 거라는, 한 번 들으면 절대 잊을 수 없을 정도의 무서운 이야기로 우릴 겁 주었다. 우리는 돈을 가져간 사람이 어서 자기의 잘못을 고백하고 이 상황이 빨리 끝나 집에 돌아갈 수 있기를 바랐지만 아무도 나서는 사람이 없었다. 선생님께서는 우리에게 기회를 주었지만 스스로 기회를 저버렸기 때문에 최후의 방법을 강구하겠다며, 교무실에 있는 '거짓말 탐지기'를 갖고 오겠다고 했다. '거·짓·말·탐·지·기라니!' 갑자기 교실 안이 술렁거렸다. 소년잡지에서나 보던 거짓말 탐지기가 실제로 있다는 사실에 놀랐지만 그게 우리 학교 교무실에 있다는 건 더더욱 놀라웠다. 선생님은 얼마 후 구멍이 뚫려 있는 네모반듯한 나무상자 하나를 들고 들어왔다. 그러고는 이 거짓말 탐지기에 손을 넣으면 누가 돈을 가져갔는지 금방 밝혀질 것이라며 거짓말하는 사람이 구멍에 손을 넣으면 뭔가 묻을 것이고, 그렇지 않은 사람은 손에 아무것도 묻지 않을 거라는 거다. 보기엔 한없이 허술해 보이는 데 기능은 놀라웠다.

  죄지은 것도 없는데 가슴이 두근거렸다. 맨 앞줄부터 차례로 나가서 그 상자에 손을 집어넣기 일보 직전이었다. 순간 갑자기 돈을 잃어버렸다던 애의 목소리가 들렸다. '선생님 발밑에 이게 있어요.' 돈을 잃어버렸다던 남자아이는 교실 바닥에서 반으로 접힌 편지 봉투를 들어 올렸고 그 안에 돈이 그대로 들어 있음을 확인했다. 선생님께서는 네가 잃어버린 액수와 딱 맞냐고 물었고 다행히 그것으로 사건은 종결되었다. 우리는 천만다행이라는 생각을 했지만, 한편으로는 학교에 있는 줄도 몰랐던 첨단과학의 상징인 '거짓말 탐지기'를 시험해 볼 수 있는 기회를 잃어버린 것에 아쉬워했다.

  학교에서 아주 가끔 이런 일이 벌어지기도 했었고, 생각해 보면 선생님들께서도 아주 난감했을 것 같다. 그래서 있지도 않은 거짓말 탐지기를 등장시키며 고도의 심리전을 펼칠 수밖에 없었을 것이다. 이런 일이 우리 때만 있었던 것은 아니다. 엄마가 중학교 1학년 때였다고 하니, 아마 1959년이나 60년쯤 되었을 텐데 그때는 한 반에 80명이 넘었다고 한다. 그때도 80년의 우리 반에서처럼 반에서 돈이 사라졌고, 엄마네 반 담임선생님은 길게 자른 하얀 종이에 일련번호를 적어 80여 명의 학생들에게 하나씩 나누어 주었다고 한다. 그러고 나서 그 어느 때보다도 침통하고 엄숙한 얼굴로 학생들에게 "너희들은 이제 운동장을 한 바퀴씩 도는 거다. 돌아와서 나에게 종이 길이를 확인받아라. 돈을 가져간 사람의 종이는 길어질 것이다"라고 말했다고 한다. 나는 결과가 너무도 궁금해서 엄마가 말해 주기도 전에 '그래서 범인을 찾은 거냐?'고 급히 물었다. 그 결과 과연 운동장을 한 바퀴씩 돌고 온 학생들 가운데 딱 한 사람의 종이만이 짧아져 있었다고 한다. 왜 짧아졌는지는 내가 굳이 설명하지 않아도 충분히 이해할 수 있을 것이다.

1981.
연극 〈고도를 기다리며〉

 학교에서 걸스카우트를 모집했다. 무얼 하는 단체인지 정확히 알지도 못하면서 친구들이 가입한다니까 그리고 브라운색의 통짜로 된 원피스 단복이 예뻐서 무조건 하고 싶었다. 원피스는 소매가 없는 스타일이어서 안에 흰색 반소매 티셔츠나 블라우스를 입으면 되었고, 베이지색의 단복으로 정해진 티셔츠가 있었지만 그건 선택사항이였기 때문에 꼭 구입할 필요는 없었다. 단복은 정해진 곳에서만 살 수 있다고 해서 학교로부터 청주 본정통(지금의 성안길)에 위치한 의상실을 안내받아 이모와 함께 사러 갔다. 단복을 사 들고 명동교자에서 저녁으로 만두를 먹은 다음 이모는 나를 데리고 어디론가 갔다.
 그곳은 소극장이었는데 무대와 객석 사이의 거리가 가까

웠고 무대가 낮았다. 객석에는 따로 의자는 없고 계단식 자리에 방석이 깔려 있었다. 내 생애의 첫 연극 관람작 〈고도를 기다리며〉를 이렇게 만나게 된 것이다. 불이 꺼졌다가 다시 밝아졌다. 무대에는 두 남자가 서 있었고 행색은 초라하다. 작은 키의 성인 여자가 소년을 연기한다. 소년은 두 남자에게 다가가서 고도 선생이 오늘도 올 수 없다는 말을 전하고는 다시 무대 밖으로 사라진다. 무대 위에는 언제나 그 행색이 초라한 두 남자가 있다. 소년은 잊을 만하면 무대에 등장해서 고도 선생이 오지 못함을 전한다. 나는 참지 못하고 옆에 있는 이모에게 "이모 고도 선생은 언제 와?" 귓속말로 속삭였다. 두 남자가 기다리는 고도는 오지 않고, 대신 포조와 럭키가 나타났다. 고도를 애타게 기다렸던 에스트라공과 블라디미르라는 이름은 아예 기억에 없지만, 이상하게도 포조와 럭키라는 이름은 너무나 선명하다. 여기에 특별한 이유가 있다기보다는 아마도 초등학생이 기억하기에는 그 두 남자의 이름이 아주 복잡하게 여겨졌을 것 같다. 포조 역할을 했던 배우는 키가 무척 컸고 얼굴도 그에 못지 않게 컸다. 광대가 튀어나오고 턱은 각이 졌으며 구불거리는 장발의 머리에 화장을 진하게 한 모습은 몹시 이국적이면서도 두려움을 느끼게 했다. 포조는 럭키의 목에 줄을 매어 무대로 끌고 나왔고 나는 럭키가 사람인지 동물인지 구분을 할 수 없었다.

연극이 끝나고 나오니 밖은 어두워졌고 비도 조금씩 내리고 있었다. 나는 끝내 등장하지 않는 '고도 선생'을 기다리는 이 연극이 조금도 재미있지 않았다. 하지만 극장에서 영화를 보고 나올 때의 느낌과는 뭔가 달랐는데, 어둠 속에서 몇 시간 동안(동시상영까지) 스크린을 응시하다가 햇빛이 쨍한 밖으로 나오면 갑자기 정신이 아득해지고 우울해질 때가 있었다. 언젠가 스무 살 언저리에 삼일로 창고극장에서 연극 〈금관의 예수〉를 봤다. 내가 앉았던 자리가 객석에서 아주 가까웠고 그 덕분인지 연극 끝부분에 관객들이 목소리로 극에 참여할 기회가 있었다. 앞자리에서부터 조심스럽게 마이크와 대본이 넘겨왔고 관객들은 한 마디씩 대사를 읽었다. 내 차례가 왔고 어떻게 읽었는지는 전혀 기억나지 않지만 어쨌든 읽었다. 이때의 기억 때문인지 아니면 〈고도를 기다리며〉 때문인지는 모르겠지만 나의 연극을 향한 이 알 수 없는 동경은 급기야 대학 연극동아리 '극예술연구회'에 제 발로 찾아가 가입하게 했다. 하지만 이런 쪽으로는 아무런 '끼'가 없음을 너무도 빨리 깨달아서 신입생 연극 공연 한 편을 끝으로 연극은 '하는 것'보다 '보는 것'이 훨씬 더 가치 있고 재미있으며 내 삶에 의미가 있다는 결론을 가차 없이 내렸다.

1981.
축제와 공연의 시대

TV를 틀면 둘리스The Dooleys, 빌리지 피플Village People, 아라베스크Arabesque 등 외국 가수들의 내한 공연이 방송되었다. 이들의 노래는 흥겹고 반복되는 멜로디여서 쉽게 생각되었는지 우리는 귀에 들리는 대로 엉터리 영어로 따라 부르곤 했다. 한 코미디언이 둘리스의 노래「Wanted」를 엉터리 영어로 개사해서 음반을 냈을 때 '저 사람 귀에도 저렇게 들렸었구나' 싶었다. 둘리스와 아라베스크만 한국에 온 게 아니었다. 각종 직업군을 나타내는 복장을 한 마초맨들이 모인 그룹, 빌리지 피플은 무대 위를 거의 날다시피 하며 노래를 불렀다. 그들의 과장된 의상과 몸짓은 현실적이지 않아서 오히려 '빌리지' 외부에 거주하는 사람들처럼 보였다. 그들이 어떤 내용의 노래를 불렀는지 우리는 가사의 내용은 알 도리도 없었고 알려고도 하지 않았다. 그저 이들의 노래가 너무 신나고 경쾌했기 때문에 그 노래의 리듬에 몸을 맡기고는 친구들과 날이 어둡도록 '스카이 콩콩'을 탔다.

이때는 풍족하다는 생각이 들지는 않지만 그렇다고 무언가 많이 결핍되었다고도 느끼지 않았다. 적어도 일주일에 한 번은 대중목욕탕에 가서 때를 밀고 뽀얘진 얼굴로 화교 아저씨들이 운영하는 중국집에 가서 짜장면 한 그릇을 먹을 수 있었고 그러고 나면 세상에 부러울 것도 걱정거리도 없다. 바카라Baccara의 노래 「Yes Sir, I Can Boogie」도 그렇고 80년대의 시작은 뭔가 은밀하게 유혹적이면서도 흥청대는 분위기가 있었다. 엄마는 어느 날 가슴팍에 '국풍81'이 적힌 티셔츠를 서울에서 사 왔다. 그중에 한 장을 입고 다녔던 기억이 있다. 가수 이용은 '국풍81' 가요제에서 「바람이려오」로 대상을 받았는데, 우리는 학교에서 「바람이려오」를 시작으로 82년도에 갔던 소풍에서는 「잊혀진 계절」 그리고 번안곡 「사랑이란」까지 한동안 이용의 노래에 푹 빠져 살았다.

세상 부러울 것도 걱정거리도 없이 지내는 초등학생들의

삶이라고 해서 긴장감까지 없었던 것은 아니다. 매달 치러야 하는 월말고사, 나라를 위해 없는 돈에 내야 하는 방위성금, 편지 봉투의 절반 이상을 채워서 내야 하는 잔디 씨(지금도 학교에서 왜 잔디 씨를 가져오라고 했는지 알 수가 없다.) 등등 우리는 공부 외에도 할 일이 많았다. 학교의 명예를 드높이는 운동선수들을 돕기 위해 라면 봉지 한 가득 쌀도 퍼 왔어야 했고 반공 글짓기 대회나 웅변대회 때문에 피난 간 적도 없는 할아버지를 공산당에게 극심한 핍박을 받은 인물로 탈바꿈해야 했다. 또 한편으로는 냉장고, 세탁기, 텔레비전 등 집안의 세간살이부터 '엄마 없는 사람?' 그리고 '아빠 없는 사람?'을 손들게 하는 호구조사까지 폭력적 방식의 '가정환경 조사'가 있었다. 나라는 축제 분위기였지만 초등학교에 다니는 꼬맹이들의 삶은 나름대로 고달팠다.

6학년 때였던가? 전교 어린이학생회장이 네 명이었던 적이 있었다. 그 네 명의 부모들은 모두 육성회에 속해있었고 그들의 입김 때문인지 아니면 학교에서 지레 그렇게 결정한 것인지는 알 수 없지만 어쨌든 '전교 어린이학생회장' 타이틀은 네 명에게 주어졌다. 우리는 친구들과 이런저런 이야기를 나누면서 뭔가 말이 안 된다고 생각했지만, 딱히 불편한 것도 없었기 때문에 받아들이는 것 말고는 달리 방법이 없다고 여겼던 것 같다. 스멀스멀 피어오르는 80년대를 휘감는 불분명하고 끈적거리는 야만은 그렇게 초등학생들의 삶에도 손을 뻗고 있었다.

1982.
카레

　먹을 게 풍족하지도 다양하지도 않았던 시대여서 무엇이든 맛있게 먹었던 기억이 많지만, 지독한 한약 냄새를 풍기는 누런 색의 걸쭉한 '카레'만큼은 쉽게 다가가질 못했었다. 1982년도에 경험했던 '날카로운 이국의 맛'은 여전히 나의 뇌리에 각인되어 있다. 물론 지금이야 여행을 가거나 아니면 국내에서도 다른 나라의 음식들을 쉽게 접할 수 있지만, 그때만 해도 이국의 문화란 소년잡지, 텔레비전, 동화책과 같은 매체로만 만날 수 있었기 때문에 실체적 경험이 중요한 음식의 맛 같은 것은 상상할 수밖에 없었다.

　나는 친구가 주기로 약속했던 요술반지만 손에 넣으면 상상으로만 하던 것들을 다 해보고 싶었다. 친구는 자신이 세 개의 요술반지를 가지고 있고 그중에 하나를 주겠다며 나를 과도한 희망에 빠지게 했다. 언제나 '내일' 또 '내일'을 말하던 친구는 끝내 나와의 약속을 지키지 못하고 직업군인이었던 아버지를 따라 전학을 가버렸다. 하루는 무슨 일이 있어도 친구에게 요술반지를 받고야 말겠다는 생각으로 친구네 집을 찾아갔다. 골목길 끝에 있는 초록색 철 대문으로 들어가면 안채가 있고 문과 가까운 쪽에 방 하나에 부엌이 딸린 별채가 있었다. 친구 이름을 부르니 방에서 속닥거리던 소리가 멈췄다. 아무리 친구 이름을 불러도 그때 이후로 방에서는 어떠한 인기척도 나지 않았다. 한참을 그렇게 있는데 갑자기 깨달음이랄까? '요술반지가 있다면 이런 집에서 살지 않겠지'라는 생각이 들어 마음을 접고 돌아섰다. 그러던 찰나에 저 속에서부터 억울하고 분한 마음이 들어 초록색 철 대문을 몇 번 발로 걷어차고 신발에 묻어 있던 진흙을 대문에 짓이겼다. 전학을 가버린 그 친구를 고학년이 되어 우연히 길에서 만난 적이 있다. 먼 거리였는데도 한눈에 알아볼 수 있었는데 우리는 서로 아는 척을 하지는 않았다. 나도 어쩐지 부끄럽고 창피해서 말을 걸 수가 없었다.

이렇게 나의 유년 한 자락이 매듭지어졌고 5학년이 되었다. 그때 나는 이국적인 모든 것은 'U.S.A'와 등가로 여겼지만, 카레만큼은 미국이 아닌 '이국의 실체'로 생각되었다. 노란색의 찐득한 액체에는 깍둑썰기 모양의 당근, 고기, 감자, 양파 같은 것들이 뒤섞여 있었고 예상치 못한 냄새는 나를 혼란스럽게 한다. 한약에 밥을 말아 먹는 것 같은, 그 맛을 상상해 보라! 그렇게 카레는 갑자기 예고 없이 나에게 왔다. 엄마는 냄새 때문에 코를 쥐어짜며 제대로 먹지 못하는 나와 동생을 잘 먹는 다른 집 애들과 비교하면서 우리의 세련되지 못한 입맛을 안타까워했다. 광고 속에서는 식탁에 놓인 카레의 이국적 향과 맛을 즐기며 세상 맛있게 먹는 내 또래의 어린이들이 있었다. 그들의 음식 취향과 나의 취향에는 서울과 J읍이라는 지방의 거리만큼이나 간극이 컸다. 씩씩하고 건강한 모습으로 새 나라의 일꾼이 될 어린이라면 '일요일은 오뚜기 카레'를 외치며 무조건 카레를 들어야 하는 당위적 의무감마저 짊어져야만 할 것만 같았다. 지금은 나도 카레를 '늘 먹던 걸로' 생각할 뿐만 아니라 실제로도 아주 좋아한다. 더 진한 인도의 본토 카레 맛을 즐길만한 곳은 없을까 열심히 찾아보기도 하는 등 그야말로 격세지감이다.

북유럽 동화집에 자주 등장하는, 미션을 갖고 고난을 작정한 주인공들이 먼 여정을 떠날 때 보따리 속에 들어있던 햄·베이컨과 치즈의 맛을 상상으로만 맛보던 때가 있었다. 또 알프스 소녀 하이디가 할머니에게 주려고 남몰래 모아 두었던 새하얀 빵의 말랑거림이 어느 정도였을까? 내가 아는 건 '쏘세지'인데 동화책엔 언제나 '소시지'가 있었고 몇 날 며칠 굶주린 주인공들을 괴롭히는 '갓 구운 파이'와 '콩을 넣은 스튜' 냄새는 또 어땠을까? 그 상상의 맛들이 현실로 다가올 때 나는 희열과 절망을 동시에 경험하곤 했다.

어느 날 한 친구가 학교에 치즈를 가져왔다. 친구는 이모가 서울에서 가져왔다는 말을 하면서 우리에게 치즈를 조금씩 떼어 주었다. 우리는 말로만 듣던 치즈를 입에 집어넣고 맛을 보기도 전에 그 쿰쿰한 냄새 때문에 삼키지도 못하고 도로 뱉었다. 처음 접해 본 미지의 맛은 너무나 구렸고 내가 생각했던 것과는 판이했다. 하지만 사람의 입맛이라는 게 또 얼마나 간사한지 지금은 그 구린 치즈가 없어서 못 먹는다. 맛은 확실히 혀가 아니라 뇌에서 관장한다는 것이 분명한 것 같다. 어릴 때, 엄마가 '곤로'(풍로)에 후라이팬을 올리고 '빠다'(버터)를 슬슬 녹여 식빵을 약간 바삭하게 구운 다음 달걀부침을 식빵 위에 얹고 설탕을 샤라락 뿌려 주었다. 나는 부엌 계단에 앉아서 그 '토스트'를 받아먹으며, 엄마에게 '맨날 이런 거만 먹었으면 좋겠다.'고 말했다. 그건 행복한 기억이다. 그래서 나는 시장이나 가게에서 파는 계란 토스트만 보면, 기대에 찬 표정으로 부엌 계단에 앉아 토스트를 굽는 엄마에게 말참견하던 장면이 사진처럼 떠오른다. '소울푸드'가 꼭 된장찌개일 필요도 김치찌개일 필요도 없다.

 나에게 카레나 치즈가 그랬던 것처럼 애초에 경험했던 끔찍했던 어떤 맛의 기억을 잊어버리고 점차 익숙해지면서 나중에는 그 맛을 처음부터 좋아했었던 것처럼 착각하기도 한다. 그러나 한편으로는 맨 처음 먹었던 그 맛이 뇌리에 깊게 각인되어, 이후에 같은 재료를 써서 그 맛을 최대한 재현한다고 해도 나는 아니라고 할 것이다. 그 부인(否認)은 원래의 것이라고 여기는 것을 그대로 간직하고 싶은 강한 열망이 아닐지 싶다.

1982.
빨간색 피겨스케이트

　잠실에 할머니가 살고 있었다. 몇 단지였는지는 잘 기억나지 않고, 건물 벽면 도색이 연한 녹색이었던 것 같고 작은 평수의 시영아파트였다. 이곳에서 꽤 먼, 그러니까 어린이들이 걷기에는 좀 부담이 되는 거리에 고모가 살고 있었고 나와 동생, 그리고 나와 동갑인 고종사촌은 어른들이 매일 주는 버스비를 유용하였다. 버스비 유용이란 것이 뭐 대단찮은 것은 아니었고, 버스를 타는 대신 그 거리를 왕복으로 걸었고 대신 그 돈으로 과자를 사 먹었다. 거의 매일 꽤 먼 거리를 걸었지만, 서울의 거리도 J읍만큼 흥미진진했다. 물론 훨씬 더 복잡하고 다른 의미의 볼거리도 많았다. 도시는 확실히 시골의 활력과는 다른 활기가 있었고 서울 사람들은 얼굴이 하얗고 어린이들에게도 친절했다. J읍에서 우리끼리 말하길, 서울은 수돗물에 소독약을 많이 섞어서 얼굴이 하얗게 된다고 했었는데, 그 말은 사실인 것 같았다.

우리들은 놀이를 하면서 잠실 아파트 단지 근처의 거리를 매일 오갔는데, 한 사람이 잠시 눈을 감고 숫자를 세면서 술래를 하고 있으면 두 사람은 우리가 가는 방향을 향해 마구 뛰다가 어딘가에 숨고, 술래가 다가오기를 기다리는 것이다. 들키는 순간의 짜릿함과 기다림의 긴장은 우리를 늘 들뜨게 만들었다. 우리들은 그 길을 거의 뛰다시피, 쉬지 않고 달렸고 그러다 너무 숨이 차면 멈춰 서서 서로를 쳐다보면서 깔깔깔 웃었다.

그러다가 어느 날은 J읍에서는 한 번도 본 적이 없던 외국인을 만났는데, 우리는 장난칠 게 뭐 없나 골몰하고 있던 터라 그들에게 과감하게 '헬로' 하고 인사를 건넸다 ㄱ 외국인들은 우리의 '헬로'에 반색을 하며 손을 들어 인사를 했고 뭐라고 더 이야기를 했지만 전혀 알아들을 수가 없어서 그냥 크게 웃기만 했다. 서울에서 외국인에게 인사를 해 봤다는 것은 하나의 '사건'이었고 방학이 끝나고 만날 J읍 친구들에게 자랑할 무용담이었다. 그때 그 외국인이 미국인인지는 전혀 알 수가 없지만 그냥 외국인이면 '미국인'이었다. 왜냐하면 그때 나에겐 외국은 미국이었고. 텔레비전에서 방영하던 외화 〈전투〉를 볼 때도 '우리 편은 미국, 남의 편은 소련'으로 우리는 단순명료한 이분법적 세계관에 순진하게 길들여졌다. 우리가 수없이 걷고 뛰어다니던 잠실 그 어디쯤인가에 지금은 찾아보기 힘든 햄버거 가게 '아메리카나'도 있었다.

겨울방학 내내 실컷 놀고 방학 숙제라고는 달랑 그림 그리기 하나(이 습관은 중학교에 가선 지도 그리기로 바뀌었다) 했다. 개학을 며칠 앞두고 우리를 데리러 엄마가 서울로 왔다. 그 겨울을 만끽하며 남은 방학도 알차게 보내야 했기에 우리는 할머니와 고모에게 받은 거금을 들여 스케이트를 사기로 했다. 엄마는 우리를 데리고 동대문운동장 주변의 체육사로 가서 동생은 검정 스피드스케이트를 나는 빨간색 피겨스케이트를 사서 J읍으로 왔다. J읍의 보강천 냇가는 꽁꽁 얼어 있었고 새하얀 눈 사이로 보이는 푸르스름한 얼음에 햇빛이 비쳐 눈이 부셨다. 스케이트를 한 번도 타본 적은 없었지만, 롤러스케이트를 타본 경험이 있어 어렵게 생각하지는 않았다. 하지만 텔레비전에서 보았던 리라초등학교 어린이들의 피겨스케이팅 타는 모습은 절대로 따라 할 수가 없었다. 내가 할 수 있는 것은 그저 넘어지지 않고 앞으로 앞으로만 얼음을 지치며 나아가는 것이었다. 뒤로 가거나 옆으로 혹은 빙글빙글 도는 것은 아예 꿈도 꿀 수 없었다. 그래도 타고난 운동신경 덕분에 얼음 위에서 앞으로 내달리는 것만큼은 기가 막히게 빨랐다.

1982.
카바레, 아방궁

 화려한 불빛의 네온사인 간판 불빛은 꺼져 있었고 출입문은 묵직했다. 문에는 시뻘건 '레자'(인조가죽)가 씌워져 있었고 테두리는 금속으로 둘렀으며 군데군데 쇠 단추처럼 생긴 것들이 징처럼 박혀있다. 둔중한 문을 밀고 들어가는 내 마음은 무겁다. 어두컴컴하고 길고 좁은 통로를 지나면 넓은 홀이 나왔다. 대낮의 '캬바레'는 너무나 고요해서 모든 것이 멈춰있는 것만 같았다. 바쁘게 돌아가는 바깥세상과는 완전히 유리된 세상처럼 카바레 '아방궁'에는 숨소리 하나 들리지 않고 인기척도 없다. 초등학생이라고 해도 카바레가 뭐하는 곳인지 정도는 알고 있었기 때문에 '외상값을 받아오라'는 엄마의 심부름을 하기가 너무나 싫었다. 어차피 이번에도 못 받아올 게 뻔한데, 나는 주기적으로 그곳에 심부름을 줄기차게 보내는 엄마가 원망스럽기까지 했다.

　조심스럽게 머뭇거리며 홀에 들어서면서 '아줌마, 아줌마' 부른다. 잠시 뜸을 들인 다음 또다시 아줌마를 부른다. 잠시 기다리다 기어이 누구도 내 부름에 응답하는 자가 없으면 도로 돌아서 '아방궁'을 나왔다. 다섯 번 가면 한 번 정도는 주인장을 만나기는 했지만, 다음에 준다고 전하라고 하면 그만이다. '내 오늘 그 돈을 받을 때까지는 단 한 발자국도 움직이지 않을 것이오'라고 드라마 속 주인공처럼 강단 있음을 보여주거나 아니면 '그 돈을 오늘 받아 가지 못하면, 오늘부터 우리 식구들은 모두 굶을 수밖에 없다'고 동화 속 시련을 겪는 인물처럼 감정에 호소하고 싶을 때도 있었다. 그러나 대부분은 아무도 못 만나고 오는 경우가 허다해서 그런 대사를 읊을 기회조차 없다.

　다시 그 묵직한 문을 열고 나오면 도로 환한 대낮이다. 나는 현실세계의 일상으로 돌아온 것만 같아 다행이라고 여겼다. 어떠한 활기도 느낄 수 없는 대낮의 무기력함을 품은 '아방궁'은 밤이 되면 자기 세상을 만난 것처럼 화려한 조명으로 사람들을 감싸고야 말겠지. 그곳에 놓여 있는 울긋불긋한 소파와 꺼진 미러볼 그리고 스테이지에서 풍겨 나오는 이상한 열정은 아방궁 안 한낮의 죽음 같은 침묵과 묘하게 어울려 절망감을 자아냈다. 나는 그런 느낌들이 싫었다.

초 내륙지역인 충청북도는 바다로 직접 통하는 길이 없어 간첩의 침투가 거의 불가능했기 때문에, 야간통행 금지가 전면 해제되었던 1982년 1월 5일 훨씬 전인, 1965년 3월 1일에 통금이 해제되었다. 충북의 작은 읍에 카바레며 제법 큰 극장이 있었던 이유가 통금이 없는 밤의 자유가 있었기 때문인지도 모르겠다. 영화 〈어둠의 자식들〉의 포스터와 스틸 사진을 붙여놓았던 J읍의 제일극장에서도 꽤 밤늦게까지 영화 상영이 있었던 것으로 기억한다.

결국 '아방궁'에 내가 가서는 단 한 번도 돈을 받아온 적은 없다. 엄마는 더는 나에게 외상값 받아오라는 심부름을 시키지는 않았다. 그렇다고 해서 돈을 받은 것 같지도 않다. 어린애가 그만큼 갔으면 어지간하면 다만 얼마라도 갚아봄직도 한데, 아예 떼어먹을 심산은 아니었나 싶기도 하다. 어느샌가 '아방궁'은 사라졌다. 이제 심부름 갈 일도 없다.

1982.
영화 〈날마다 허물 벗는 꽃뱀〉

언젠가 가수 이은하 씨가 텔레비전에 나와서 자신이 영화에 출연했었다고 했다. 그녀가 말했던 그 영화를 나는 이은하와 동시대에 관람했다. 1982년도에 초등학교 5학년 어린이가 어떻게 '미성년자 관람불가' 영화를 볼 수 있었는지 의아한 사람들이 많겠지만 사실 어렵지 않았다. 어린이들을 위해 만든 〈날아라 캐시〉같은 만화영화를 상영할 때는 항상 동시 상영작이 있었고, 본 영화가 끝난 뒤에 나가지 않고 기다리고 있으면 바로 이어서 동시 상영작을 틀어주었다. 친절하게도 극장 안에 앉아 있는 아이들을 내쫓지는 않았다.

가수 이은하는 어린 우리들 사이에서도 유명했기 때문에 익히 잘 알고 있었다. 나는 흑백텔레비전으로 그녀가 가

수왕을 수상하는 장면을 보았고 지금까지도 생생하게 기억하고 있다. 시상식 자리엔 이은하의 아버지가 함께했으며 부상으로는 포니 자동차를 줬다. 자동차라니! 지금이야 눈에 밟히는 게 자동차이지만, 저 때만 해도 우리 학교에 자가용 있는 집이 전교생 통틀어 한 두어 집 있었을 것이다. 물론 그때 이미 우리의 노래 취향은 송골매나 조용필 그리고 이용에게 가 있었고 또는 김수희의 노래 「멍에」가 엄청나게 인기가 있어서 아이들이 그 노래도 즐겨 불렀던 것 같다. 이은하의 노래 「밤차」나 「아리송해」가 그 시절을 기준으로 좀 지난 노래이긴 했지만, 저 노래를 모르는 아이들은 거의 없었다. 빠른 디스코 리듬은 어린이들이 선호하는 장르이기도 했고 소풍 때는 손가락으로 하늘을 찔러대며 곧잘 그럴듯하게 부르던 친구들도 있었다.

지금 다시 이 영화를 본다면 가수 이은하의 연기에 대해 어떻게 평가할 수 있을지 잘 모르겠지만, 당시의 기억을 더듬어 보면 그다지 이상하다고 생각했던 것 같지는 않다. 오히려 텔레비전 드라마와는 딴판인 바람둥이에다 사기꾼 역할을 했던 김성환 아저씨의 모습이 더 낯설었다. 언젠가는 한국영상자료원에 가서 이 영화를 다시 보리라 생각은 했지만, 지금까지 그 일은 미뤄 두고 있다. 게으른 탓도 있지만 영화에 대한, 특히 선명하게 남아 있는 장면에 대한 기억이 온전한지 퍼즐을 맞추듯 찬찬히 확인하고 그 과정을 즐기고 싶은 마음이 간절하기 때문이다. 그 짜릿한 순간을 유예하고 싶어 좀 더 시간을 두고 싶다.

대신 영화 관련 자료를 찾아보니, 당연하게도 '청불'(청소년 관람불가)이라고 표시가 되어있고 장르는 '드라마, 범죄'로 구분되어 있다. 제작 연도는 내가 영화를 관람한 연도로 기억하는 1982년과 동일하다. 영화 개봉이 지금처럼 전국 동시개봉 시대도 아니었는데 어떻게 바로 읍내극장에서 개봉이 되었을까 추측해 보니 아마 서울이나 도시에서는 흥행이 안 돼서 지방으로 필름이 급속하게 내려온 것은 아닌가 싶다. 이 영화의 흥행 요소는? 영상자료원에서 줄거리를 찾아보니, 김성환 아저씨가 역할을 했던 용철은 전과 6범이라고 한다. 김성환의 출소 장면은 기억에도 선명하다. 출소하는 김성환을 기다리는 이은하는 그에게 '아재, 두부 먹어'라고 말하며 두부를 내민다. 김성환은 또 사기를 꾸미는지 화려하게 사무실을 꾸며 놓고, 이은하는 그곳에 등장하여 자신이 그의 애인임을 과시한다. 공간은 대중목욕탕이다. 이은하는 세신사로 등장을 하고 한 여자의 때를 밀어주며 애인 김성환에 대해 이야기한다. 중간 과정은 잘 기억나지 않고 김성환은 침대에 엎어져 있고 이은하의 고객이었던 여자가 그의 등에 엎드려 와이셔츠를 찢어 버린다. 그리고 영화의 끝부분인데, 아마도 김성환은 또 사기를 쳐서 경찰에게 쫓기는 신세가 된 것 같다. 드디어 마지막 장면! 공간은 화물열차 안, 부둥켜안은 상반신의 남녀, 쫓기는 두 남녀는 그 절박한 상황 속에서 사랑을 한다. 그들의 정사는 애절하다. 끝났다.

당시 이 영화를 본 초등학생은 나 말고도 여럿 있었다. 다음 날 학교에 가서 친구들하고 우리가 본 청불 영화에 대해 호들갑을 떨면서 이야기를 나누었다. 본 아이들은 모두 와이셔츠 찢은 이야기만 했다. 나는 '다른 사람의 허물을 벗겨주는 이야기'라고, 주인공의 직업적 관점에서 평을 하는 것으로 마무리하겠다.

최고의 엔터테인먼트, 제일극장

 지금처럼 볼거리가 많은 시대를 이전에는 본 적이 없다. 책과 텔레비전은 너무나 고전이 되어 버렸고 영화도 관람 방식이 이전과 확연히 달라져 가고 우리의 눈은 잠시도 쉴 틈이 없다. 이러한 오늘날에 비해 과거의 볼거리는 너무 단순했다. 특히 어린애들한테는 텔레비전이 거의 독보적인 위치를 차지했고 극장에서의 영화관람은 TV 시청보다는 좀 더 비일상적인 특별한 경험이라고 할 수 있었다. '연소자 관람가' 영화를 보려면 적어도 300원에서 500원 정도의 관람료가 있어야 했는데, 그 당시 짜장면 가격이 500원에서 700원 정도 했던 걸 생각하면 결코 적은 돈은 아니었던 것 같다. 어쨌든 어른들을 졸라서 용돈을 받아 극장엘 가야 했는데 극장이라는 공간이 갖는 특수성이라고나 할까? 일단 극장은 칙칙하고 어두컴컴해서 동네 노는 언니 오빠들이 선호하는 공간이기도 했고, 또 극장 내·외부에 나붙은 80년대 에로 영화들의 포스터나 스틸사진들 때문인지는 모르겠지만 어딘지 불온한 기운이 감도는 공간으로 인식되었다. 그래서 어른들이 일부러 권하는 장소는 아니었다. 하지만 무서워서 차마 볼 용기는 없었던 포스터에 큰 가위가 그려져 있던 〈버닝〉이나 〈나이트메어〉와 같은 공포영화는 우리들의 엄청난 호기심을 불러일으켜서 극장 주변을 기웃거리게 했다.

저런 공포영화 말고 초등학생이 마음 편하게 볼 수 있었던 영화들은 주로 우주를 배경으로 한 〈날아라 캐시〉와 같은 애니메이션이나 강아지가 주인공인 〈벤지〉 그리고 〈취권〉 같은 무술영화나 코미디 영화들이었다. 그리고 부모가 병들었거나 없어도 굳세고 용감하게 살아가는 '새 나라의 어린이'의 눈물겨운 삶을 그려내는 〈달려라 만석아〉나 〈엄마 없는 하늘 아래〉처럼 '눈물 없이는 볼 수 없는 영화'들은 주로 단체 관람을 했다. 어쩌다가 나이 제한에 걸리는 영화들도 어지간하면 그냥 들여보내 주기도 했었다. 또 정말 지금 생각하면 이해가 잘되지는 않는데, 어린이 영화에 동시

상영으로 성인영화를 상영하는 경우가 왕왕 있었고 또 그 성인영화를 보겠다고 앉아 있는 어린애들을 극장 밖으로 내보내지도 않았다. 나도 그 앉아 있던 어린애들 중의 한 명이었는데 그렇게 해서 보게 된 영화가 숀 코너리가 나왔던 〈007 네버세이 네버어게인〉, 〈꼬방동네 사람들〉 그리고 따로 서술한 〈날마다 허물 벗는 꽃뱀〉이었다. 또 나이 제한에 걸리는데도 친구들과 함께 본 영화가 〈관 속의 드라큐라〉 그리고 지금까지 이 영화를 본 사람을 아직은 한 번도 만나본 적 없는 애니메이션 아닌 실사 캔디 영화 〈캔디 캔디, 1981〉였다.

영화 〈꼬방동네 사람들〉에서는 유독 한 장면이 아주 선명하다. 공동 빨래터였는지 여자들이 모여서 빨래를 하고 있는데, 한 여자가 갑자기 다른 여자가 빨고 있는 남자 속옷을 보더니 실성한 듯 화를 내면서 그 속옷을 뺏으려고 하고, 또 다른 여자는 뺏기지 않으려고 서로 싸우는 장면이다. 내 기억이 맞는지 확인하고 싶지만, 그 이후로 지금까지도 이 영화를 못 보고 있다. 〈관 속의 드라큐라〉는 당시 우리들 사이에서 꽤 화제가 됐었고, 극장 안에 사람들도 많았다. 나는 쌍둥이 친구와 그 친구의 동생들과 함께 영화를 보러 갔었는데 영화를 보는 중에 친구의 어린 남동생이 큰 소리로 "나는 안 무서워"를 수차례 외쳐대는 바람에 주변 어른들에게 '시끄럽다'며 혼이 나기도 했었다. 이 영화는 여태까지 다시 못 본 〈꼬방동네 사람들〉과는 달리 2000년대 초·중반쯤 영상자료원이 아직 서초동에 있었을 때 무슨 기획전으로 80년대 영화들을 상영한 적이 있었고 그때 마침 기회가 돼서 볼 수 있었는데, 어릴 때의 기억이 새록새록 나면서도 어른의 눈으로 보니 너무나도 흥미진진한 내용들이 눈에 띄는 것이 아주 특별한 경험이었다.

그 당시에 이 영화를 둘러싸고는 한국의 모 코미디언이 드라큘라 역할을 맡았다는 얼토당토않은 소문이 있었고 우리 어린이들도 그걸 알고 있었다. 2000년대 와서 자료를 찾아보니 원래는 크리스토퍼 리라는 유명 배우가 드라큘라 역을 맡기로 했는데, 이 일이 불발되면서 미8군에 있던 어느 미국인이 드라큘라 역할을 했다는 것이다. 다시 봐도 이 영화는 재미있고 꽤 흥미로운 구석도 있다. 영화에서 신분을 위장한 드라큘라는 007가방을 들고 한국의 국립혈액원으로 당당히 들어가서 그곳의 직원으로부터 '신선한 피'가 담겨 있는 비닐 팩을 받아서 007가방 안에 꽉꽉 채워 담고

들이키기도 한다. 이 영화의 드라큘라 역할을 맡은 배우(?) 이름이 켄 크리스토퍼라고 하지만 실제로 그가 배우였는지는 알 수가 없다. 어쨌든 그를 둘러싼 소문은 그가 '미8군'에 있었다는 것이고 이러한 외부적 맥락을 끌어들여 이 영화를 보면 흥미로운 관점이 열린다. 한국 사회에서 '미8군'으로 대표되는 '미국'은 너무도 당당하게 합법적(?)으로 한국의 '고혈'을 '흡혈'하고 한국 정부는 오히려 그들의 '흡혈 행위'를 보장해 주는 것으로 보인다. '합법적 도둑질' 알레고리가 아닐 수 없다.

그리고 어릴 때 극장에서 봤던 영화들 가운데 가장 보고 싶은 영화를 꼽으라면 나는 서슴지 않고 〈캔디 캔디〉를 선택하고 싶은데 그 이유는 다름 아니라 이런 영화가 있었다는 사실을 주변에 아무리 얘기해도 믿지를 않기 때문이다. 영상자료원에 들어가 검색을 해보면 분명 존재하는 영화이고 현재 필름 상태로만 있어서 특별히 상영요청을 하지 않는 이상 현재로서는 보기가 어렵다. 어서 하루빨리 변환해서 VOD나 유튜브로 볼 수 있기만을 기다리고 있다. 주인공 캔디를 비롯해 안소니, 이라이자, 테리우스 모두 '한국 사람'이었고 극 중 이름을 원작 그대로 사용했는지는 잘 기억나지 않지만, 잘생긴 남자의 대명사 '테리우스'의 머리는 80년대 한국의 교복 입은 중·고등 남학생들이 주로 하던 까까머리에 가까웠다. '까까머리의 테리우스'라니! 상상조차 할 수 없는 이미지를 창출해 낸 이 영화의 무모함은 신선하기조차 하다.

시골 읍내에 있던 극장에서의 경험을 바탕으로 80년대를 생각하면 온갖 것들이 뒤죽박죽 뒤섞여 도무지 종잡을 수 없는 것들 사이에 그래도 큰 줄기를 이루고 있던 주된 분위기 혹은 정서는 영화 〈관속의 드라큘라〉에서의 나이트클럽 장면이 자아내는 '공포'와 '에로티시즘'이 아닐까 싶다. 금기된 것들의 허용이 주는 청량한 해방감과는 거리가 먼, 텁텁하고 찐득한 공기는 이상하게 더 답답함을 느끼게 했다.

단체관람

 J읍에 단 하나밖에 없는 극장에 단체관람을 하러 가는 날은 솔직히 소풍 갈 때보다 더 신나는 날이었다. 적어도 나에게는 그랬다. 반공 영화든 민족주의나 애국주의를 고양하는 영화든 눈물을 한 바가지 쏟아낼 정도로 슬픈 영화든 상관없이 극장에 가는 것은 언제나 다 좋았다. 영화를 보는 것도 좋았지만 학교 수업을 빼먹고 극장엔 간다는 사실만으로도 우리는 기뻐 날뛰었다. 극장 앞에는 스틸 사진을 붙여두는 입간판이 항시 있었고 극장 출입구 주변의 건물 벽에는 자물쇠가 채워진, 철망으로 되어있는 게시판이 있어서 그 안에 스틸사진을 붙여놓았다.

 극장은 평지보다 두세 계단 더 높은 위치에 있었고 그 계단을 밟고 올라가야 오른쪽에 있는 매표소를 가거나 왼쪽

출입구로 들어갈 수 있었다. 입간판에는 연소자 관람불가인 영화들 〈앵무새 온몸으로 울었다, 1981〉, 〈어둠의 자식들, 1981〉의 스틸 사진이 붙어 있었다. 극장 안으로 들어가면 매점이 있고 가운데에는 상영관으로 들어가는 빨간색 레자의 출입문이 있었다. 스크린이 있는 상영관을 한 가운데에 두고 양옆으로 긴 복도가 나 있고 그 복도 끝에는 재래식으로 된 남자, 여자 화장실이 각각 있었다. 영화관 안은 당연히 한 가운데에 커다란 스크린과 무대가 있었고 딱딱한 접이식 의자가 놓인 객석은 1층과 2층으로 나뉘어져 있었다.

선생님의 인솔하에 극장 앞에 도착하면 반별로 줄을 서고 차례로 입장을 했다. 나름 질서를 지키는 척하다가 대형 스크린이 펼쳐있는 극장 안으로 들어가면 상황은 뒤바뀐다. 인간은 거의 본능적으로 어떤 분위기를 감지하는 것 같다. 어둠이 주는 안도감과 이상한 해방감 같은 것이 극장 안을 휩싸고 아이들의 '휘익' 하는 휘파람 소리가 여기저기서 들리기 시작하면 아이들은 소리를 있는 대로 고래고래 질렀다. 그 속에서도 물론 '시끄러워' '조용히 해' '선생님한테 이른다' 등등의 고함에 뒤섞인 목소리가 들리긴 하지만 아무도 아랑곳하지 않았다. 선생님들은 우리를 극장 안으로 밀어 넣고는 실제 영화가 상영되기 전까지 꽤 오랫동안 밖에 서 있곤 했다.

철이 안 들었던 남자애들은 그들만의 꿍꿍이를 실현하기 위해 죄다 2층으로 기어 올라갔다. 그 애들의 속셈이라는 게 참 보잘것없었는데, 일 층에 있는 여자애들에게 과자봉지를 던진다거나 상영 중에 손을 올려 스크린에 그림자를 비추며 장난치거나 하는 일이 그들의 주된 목적이었다. 초등학생들이 단체관람을 하는 날에는 매점이 그야말로 난리가 났다. 주머니 속에 백 원만 있어도 하루 종일 행복을 만끽할 수 있었을 때인데, 몇백 원씩 하는 관람료를 내고 극장 안 매점에서 과자까지 사 먹는다는 건 그야말로 호사 중의 호사를 누리는 일이었다. 그런 호사를 누릴 수 있는 아이들이 그렇게 많지는 않았지만 그래도 극장에 온 특별한 날이었기 때문에 기꺼이 친구한테 돈을 빌려서라도 뭔가 먹을 것들을 샀다. 매점은 몇 개의 유리 창문으로 연결되어 둘러싸여 있었고 열려 있는 곳이 유리창 한 칸 정도였다. 그 좁아터진 데로 아이들은 "저거요, 이거요, 왜 자꾸 밀어? 내가 먼저 말했는데" 하면서 손가락으로 과자를 가리키면 매점 언니가 집어 주었다. 이런 상황이다 보니 매점 주변에는 아이들로 북새통을 이루었다. 매점 언니는 우리보다 나이는 확실히 많아 보였지만 그렇다고 어른인 것 같지는 않았다. 그런 언니는 내가 일주일마다 가는 목욕탕 매표소에도 있었고 동네 미장원에도 있었다.

영화 자체에 대한 기대가 있었는지는 잘 기억나진 않지만, 우리가 주로 단체 관람하던 장르는 애국심을 고취하거나 반공정신을 드높이는 영화들이었다. 관람료는 평상시의 절반 가격이었고 우리는 본 영화보다 다른 영화의 예고편에 더 환호했다. 친구들과 단체로 봤던 〈팔만대장경〉이나 〈일송정 푸른 솔은〉과 같은 영화들은 대략 누가 출연했었는지만 기억나고 내용이야 영화의 제목만으로도 충분한 유추가 가능하지만, 어떤 감흥이 있다거나 혹은 인상적인 장면이 생각난다거나 하지는 않는다. 우리는 염불보다는 잿밥에 더 관심이 많았다. 어둠 속의 조촐한 일탈은 짜릿했고, 선생님들은 어떻게 된 영문인지 우리를 그대로 방치했다. 한참 동안을 어둠 속에서 스크린을 응시하다가 빛이 쏟아지는 한낮에 밖으로 나와, 비몽사몽간에 느껴지는 그 기분이 너무 좋았다. 빛이 너무 부셔 눈을 제대로 뜰 수도 없을 정도로 날은 화창했지만, 그런데 이상하게도 영화가 끝나고 극장 밖으로 나오면 모든 게 끝장나버린 것만 같은 허무함이 밀려왔다.

중학교에 올라오면서 영화 단체관람 횟수는 줄어들고 아마도 〈아무도 가르쳐 주지 않는다〉라는 성교육 영화를 끝으로 단체로 영화를 보러 가던 것도 끝이 났던 것 같다.

소년잡지와 소년·소녀 세계문학전집
그리고 살아있는 그림책

　청주 청원구 우암동 어디쯤엔가 작은 서점에서 〈걸리버 여행기〉와 〈엄마 찾아 삼만리〉 동화책 두 권을 샀다. 이때가 아홉 살 때쯤 되지 않았나 싶은데, 이 책들은 내가 최초로 읽은 동화책이다. 이유는 기억나지 않은데 이모는 나에게 〈걸리버 여행기〉를 반복해서 읽게 하고 녹음을 했다. 이 책을 사고 나서 얼마 후였던가? 새 책은 아니었고 친척 누가 읽던 책이라고 하면서 서울에서 그림책을 보내왔다. '살아있는 그림책'이라고 해서 한 장을 넘기면 책에 그려져 있는 그림이 입체적으로 툭 튀어나오고 다음 장을 넘기면 또 그런 그림이 있는 형태였다. 책은 〈장화 신은 고양이〉, 〈걸리버 여행기〉, 〈신데렐라〉까지 세 권이 있었는데, 신데렐라의 호박 마차와 말들이 살아있고 또 실제로 움직이는 것처럼 보여서 무척 신기해했다.

도시는 사정이 달랐을지도 모르지만 J읍에는 '4.19 서점' 과 '중앙서점' 두 곳이 있었고, 우리는 전과며 수련장, 자습서, 문제집 그리고 소년잡지 등을 이 두 서점을 오가며 사곤 했다. 특히 중학생 때는 '완전 정복'은 4.19 서점, '필승'은 중앙서점에서 구입했고, 4.19 서점이 동아 출판사에서 발행됐던 책 판매에 특화가 되어 있었는지 이 출판사에서 나온 책을 사려면 반드시 4.19 서점으로 가야 했다. 서점 유리 벽에는 각종 잡지의 광고 포스터들이 붙어 있었는데 언제나 나의 관심은 소년잡지의 별책부록에 있었다. 어차피 연재만화는 그 잡지를 매달 사는 친구네 집에 가서 보면 되었고 나는 형편상 매달 사볼 수는 없었기 때문에 달마다 별책부록에 따라 〈새소년〉을 사거나 〈어깨동무〉를 사곤 했나. 하지만 아무리 별책부록에 따라 잡지를 산다고는 하지만 그래도 〈어깨동무〉를 가장 좋아하긴 했다.

잡지를 사서 맨 처음 펼치면 가장 먼저 연재만화를 읽고 그다음에는 해외에 관한 소식들, 믿거나 말거나 유의 기괴한 이야기들, 탐정과 모험 이야기들을 읽고 나서 더는 읽고 싶은 게 없는 지경에 이르러서야 위인 소개와 감동 수기를 읽었다. 소년잡지에는 전문적 해양 관련 지식, 과학원리, 신체 각 기관의 기능, 서양 식사 때의 예절 등 온갖 잡학지식들이 총망라되어 있었고, 서울과 지방 오지의 학교를 소개하거나 책 전집 광고, 신동우 화백의 진주햄 소시지 광고, 펜팔까지 온갖 종류의 잡다한 읽을거리들이 실려 있었다. 소년잡지만 꾸준히 읽었어도 '알·쓸·신·잡'(TV 프로그램)의 패널들 못지않은 잡학지식을 쌓을 수 있을 거라 확신한다. 그만큼 잡지에 실린 지식의 수준은 깊이는 좀 얕다고 하더라도 다양성의 스펙트럼은 엄청나게 넓었다. 이 지식만 제대로 습득한다면, 무인도에 가서도 충분히 살아남을 수 있을 정도이다. 그러나 한편으로는 서울과 지방 그리고 오지의 학교 시설과 학생들의 차이를 너무도 극명하게 재현해서 과연 이 어린이들이 한 나라 안에서 동시대에 살고 있는 것인가를 의심할 정도였다. 꿈을 꾸어야만 그래도 현실을 버티며 살아갈 수 있었던 초등학생의 삶이라는 게 있다. 나 또한 그래서 '요술반지'를 그렇게나 원했고, '게으름쟁이 천국의 나라'를 가고 싶어 했던 것 같다.

내가 '허무맹랑'하고 '얼토당토않은' 꿈이라도 꿀 수 있었던 데에는 읽을 책들이 있어서 가능했다. 총 50권 중에 현재 집에 몇 권 남아 있는 〈소년소녀 세계문학전집〉 중의 한 권을 보니 발행 연도가 1979년이고 출판사는 계몽사, 한 권 가격은 1,800원이다. 한 질이 50권이니까 모두 합하면 90,000원이다. 지금으로부터 40여 년 전 책값인데 그 당시 물가에 비추어 봤을 때 결코 적은 돈이라고 할 수는 없을 것 같다. '80년대 초 직종별 급여를 찾아보니, 의사, 약사가 대략 9만 원 선인데, 책 한 질을 사려면 전문직 종사자의 월급 한 달 치를 모두 투자해야 했던 것이다. 여전히 내 책장 한자리를 차지하고 있는 〈소년소녀 세계문학전집〉 몇 권을 엄마가 보더니, '저 책 진짜 비싸게 주고 샀다'라며 '한 오십만 원은 줬던 거 같다'고 해서 '아니 그렇게 비쌀 리가 없다며' 책 뒤편에 계몽사라고 쓰여 있는 초록색 표 딱지에 '천 팔백 원'이라고 적혀있는 숫자를 보여 드렸다. 혹시나 하는 생각에 CPI 소비자 물가 지수 사이트에서 '79년도 3월을 기준시점으로 9만 원의 현재가치를 환산해 보니 약 58만 원이다. '오! 이럴 수가' 엄마가 기억하는 '50만 원'이라는 숫자는 심리적 가격인 것이다. 오늘날의 환산 금액과 얼추 비슷하다는 것이 좀 놀라웠다. 그리고 그 순간 알았다. 당시 저 책을 나에게 사주느라 엄마의 허리가 얼마나 휘었을지.

우연히 엄마 가게에 들렀던 계몽사 책 외판원들은 우리 집은 물론이고 엄마의 소개로 주변 지인들에게 50권으로 되어 있던 〈소년소녀 세계문학전집〉을 꽤 많이 팔았다고 한다. 친구들 집에만 가봐도 이 책이 없는 집이 거의 없었다. 모두 주옥같은 내용으로 엄선하여서 대부분 재미있었는데 특히 남유럽 동화집, 북유럽 동화집, 중국 동화집, 일본 동화집, 한국전래동화집, 미국 동화집처럼 '동화집'으로 끝나는 책들이 흥미로웠다. 이 중에서 가장 재미있던 책은 북유럽 동화집이었고 제일 밋밋해서 재미없던 책이 미국 동화집이었다. '동화집'을 다 읽고 나서는 〈보물섬〉, 〈십오 소년 표류기〉, 〈에밀과 탐정〉 등 모험과 탐정물 또 그다음에는 〈작은 아씨들〉, 〈방랑의 고아 라스무스〉, 〈사랑의 요정〉, 〈집 없는 소년〉 그리고 제일 마지막에 손이 갔던 책은 〈그리스신화〉, 〈성서 이야기〉 등이었다. 내 책가방에는 언제나 동화책 한 권이 담겨 있었고, 학교 오락 시간만 되면 선생님께서는 나를 지목하여 '옛날이야기 한 자락 해보라'고 하셨다. 그럴 때면 읽었던 책이나 엄마한테 들었던 옛날이야기를 아이들 앞에 서서 신나게 떠들었다. 특히 '단방구 이야기'는 언제나 인기 만점이었는데 어릴 때는 워낙 방구의

'방'자만 들어도 깔깔대며 웃었던 것 같다.

집에는 삼중당 문고서부터 위인전기, 전기전집과 〈메리 포핀스〉며 〈암굴왕〉 같은 소설이 포함된 100권짜리 전집 그리고 지난 호의 소년잡지 등 주변에 항상 책들이 있었다. 그런데 100권으로 된 전집(아마도 계림 문고가 아니었나 싶다)을 내가 한 50여권 정도 이미 읽었을 때 엄마는 하드커버가 아니라는 이유로 〈세계문학전집〉으로 교환을 해 버렸다. 하지만 이 책은 삽화는 하나도 없고 글씨는 깨알같이 작고 게다가 세로로 쓰여 있어서 읽기도 힘들고 내용 또한 내가 읽을 수 있는 수준의 책이 아니었다. 중학생이 되어서 한 번 읽어볼까 꺼내든 책이 〈데카메론〉이었는데 잘 이해도 안 되고 무엇보다 세로로 된 글을 읽는 게 힘들었다. 그 이후 고등학생이 되었을 때 엄마는 삼성출판사에서 나온 심농인으로부터 시작하는 〈한국 문학전집〉을 사주셨고 이 책을 끝으로 나에게 책을 읽히는 소임을 다했다고 생각하셨는지 더는 전집류의 책을 사주는 일은 없었다. 지금은 반대로 내가 재미있게 읽었던 책들을 읽으라고 권해드리는 경우가 왕왕 있는데, 항상 이야기하는 책이 움베르토 에코의 〈장미의 이름〉과 천명관의 〈고래〉다. 특히 호르헤라는 인물이 너무나 인상적이었는지 어디서 '호르...' 이런 글자만 봐도 소설 〈장미의 이름〉의 '호르헤'에 관한 이야기를 하기 시작한다.

게으름쟁이 천국의 나라

노동자가 아니라 근로자로 불리었다. '부지런할 勤근' 근면·성실이 급훈이었던 반이 많았다. "새 나라의 어린이는 일찍 일어납니다. 잠꾸러기 없는 나라 우리나라 좋은 나라." 광복의 기쁨과 어린이의 다짐을 나타낸 곡으로, 광복 후 최초로 창작된 동요(다음 백과사전)도 '부지런함'을 일깨운다. 하지만, 나는 부지런함과는 거리가 멀었다. 보통은 일찍 잘 때가 대부분이지만 주말이면 '토요명화'와 '명화극장'은 필히 챙겨보고 나중에 드디어 우리 집 텔레비전에서 MBC가 나오면서부터는 '사랑의 유람선The love boat'까지 챙겨보느라 늦게 잘 때도 많았다.

늦게 자면 당연히 늦게 일어나고 일찍 자도 늦게 일어났다. 난 그때 노느라고 너무 바빴고, 들로 산으로 쏘다니느라 하루가 부족할 지경이었다. 곯아떨어지기 다반사여서 맘만 먹으면 할 수 있는 게 잠자기라고 자신 있게 말할 수 있었다. 고학년으로 올라갈수록 공사다망하여 숙제도 미리 못해서 아침에 일어나 급하게 후딱 해치우는 경우도 많았다. 봄에는 동네 언니들 따라 진달래꽃을 꺾으러 가고 여름방학이면 된장 한 덩어리와 어항 그리고 파리 낚시를 챙겨서 냇가로 갔다. 또 겨울방학이면 스케이트나 썰매를 타러 다시 냇가로 갔다. 그러다가 방학 하루 이틀 전에 나의 주특기인 그림 한 장 달랑 그려서 돌돌 말아 챙겨 학교에 갔고 중학생이 되어서도 그 많은 방학 숙제 가운데 '대한민국 지도 그리기' 한 장 해갔다. 그래도 다행이었던 것은 내가 잘할 수 있는 숙제가 한 가지라도 있다는 사실이었다. 하지만 이상한 건 단 한 번도 방학 숙제를 안 해갔다고 혼나 본 기억이 없다는 것이다. 이러니 '게으름쟁이 천국의 나라'를 읽고 한 눈에 반하지 않을 수가 없는 것이다. 동화의 끝에 "이 지구 어디엔가 그 나라로 통하는 구멍이 있을 테니 찾아보시라"는 말이 쓰여 있었는데, 믿지 않는 사람들이 대부분이었겠지만 그때 나는 '요술반지'의 존재를 믿고 있었고 이런 상황이다 보니 저 말도 믿지 못할 이유가 하나도 없었다.

이 나라에서는 가장 게으른 자가 왕이 되고 시냇가를 걷다가 "이리 와" 하면 이미 요리가 된 물고기가 손바닥에 올라와 있고, 숲속 한가운데 서 있는 커다란 나무에는 시계며 반지 등의 온갖 귀중품들이 걸려 있어서 자신이 원하기만 하면 손에 넣을 수가 있다. 이건 좀 무섭긴 하지만 돼지는 산 채로 등에 나이프와 포크가 꽂혀서 여기저기 돌아다니고 있고 게으름쟁이들은 언제나 그 고기를 스윽 베어 먹을 수 있다는 것이다. '게으름쟁이 천국의 나라'를 묘사하는 숲속 나무 그림과 포크와 나이프가 꽂혀 있는 돼지 그림의 삽화가 문득 선명하게 떠오른다. 그러나 무엇보다 나의 마음을 확 끌어당겼던 것은 손가락만 까딱하면 모든 것이 해결되는 그 나라에 들어갈 수 있는 중요한 자격요건이 바로 '게·으·름·쟁·이' 여야만 한다는 것이었다. 게으름쟁이가 되는 것쯤은 자신 있었다. 아니 나는 이미 그 자격을 완벽하게 갖추고 있었다. 그러나 초등학교를 졸업하고 그 이후부터의 삶은 게으름을 억지로라도 떼어낼 수밖에 없는, 그래서 스무 살 이후 아주 한참 동안은 숨 가쁘게 살면서 늘 뭔가를 하고 있지 않으면 불안해하는 일상을 살았던 것 같다. 내 인생의 '게으름 총량'은 초등학교 어린이일 때 이미 모두 다 써버린 느낌이다.

  인터넷으로 찾아보니 좀 다른 버전의 '게으름뱅이 천국'이 있다. 내가 읽었던 책의 내용보다 그 나라로 들어가는 방법에 대한 묘사가 훨씬 더 구체적이다. '게으름뱅이'들의 천국 '슈라라펜란트'의 둘레는 죽으로 된 산처럼 높은 벽으로 둘러싸여 있어, 이 나라를 드나들려는 사람은 먼저 죽으로 된 벽을 먹어서 헐어 버려야 한다. '죽이라니!' 계속 흘러내리는 죽을 무슨 수로 헐어 버릴 수 있을까? 이 동화는 헛된 꿈에 대한 경계와 식욕으로 대응되는 인간의 무한한 욕망을 일깨우기 위한 준엄한 우화일까? 내가 읽었던 동화 '게으름쟁이 천국의 나라'를 묘사한 것 같은 (그러나 좀 더 어두운 분위기의) 피터르 브뤼헐Pieter Bruegel의 그림 〈게으름쟁이 천국〉이 전하는 메시지가 설사 게으른 사람들에게 경종을 울리기 위함이라고 할지라도 그림 속 인물들에게서는 무게감이 느껴지지 않는다. 그의 독특한 화풍 때문인지 풍선처럼 속은 모두 비어있어 한없이 가벼워 보인다. 먹을 것들이 지천으로 널려 있지만 누워 있는 자들은 먹기를 간절히 원하는 눈빛이 아니다. 오히려 주변의 것들을 향한 모든 욕망이 사라져 버린 사람들의 모습이다. '소년 소녀' 버전의 '게으름쟁이 천국의 나라'의 입구는 있다고 믿기만 하면 언젠가는 찾을 수도 있다는 희망 자체는 가질 수 있다고 생각한다. 그러나 죽으로 둘러싸인 '슈라라펜란트'로 가는 것은 끊임없이 먹어 치워야 하는 욕망을 제어하면 불가능하다. 제어할 수 없는 욕망을 가진 자만이 '슈라라펜란트'로 갈 수 있다. 하지만 설사 죽으로 된 벽을 모조리 먹어 치워서 다 헐어 버렸다고 할지라도 피터르 브뤼헐의 그림처럼 '공허한 눈빛'의 사람들이 있는 게으름뱅이들의 천국에는 별로 가고 싶지 않다. 더는 아무것도 원하지 않는 상태라는 건 살아 있지 않다는 것과 같기 때문이다.

오스칼과
'내 사랑 마리벨'

 아주 어릴 때 동네에 있는 만화방을 가면 꼭 빨랫줄 모양처럼 철사 줄이 양쪽으로 매 있고 거기에 넓적한 만화가 걸쳐져 있었다. 만화방 안에는 겨울이면 한옆에 무쇠 난로가 있었고 동전을 넣으면 흰색과 초콜릿 색의 동글동글한 알맹이 과자들이 쏟아져 나오던 작은 기계도 있었다. 긴 막대에 꽂혀 있던 '오뎅'도 팔았는데 한 꼬치 사 먹고 국물은 여러 컵을 마셔서 주인아저씨한테 약간 눈치가 보이기도 했다.

 학교에서는 만화방을 불온한 곳으로 지정해 가지 못하게 했고 실제로 선생님들이 불시에 만화방을 방문할 때도 있었다. 또 학교에 만화책을 가져갔다가 선생님께 들키면 압수당하는 것은 당연한 수순이었다. 오락실도 물론 마찬가지였다. J읍 최초의 오락실은 지금도 건재해 있는 터미널 사거리 약국, 옆에 있었다. 동생을 찾으려면 언제든 그곳에 가면 되었다. 보통 그때 하던 게임이라고 하면 '갤러그' '탁구게임' 그리고 '너구리' 정도였는데, 최고의 인기는 역시 '갤러그'였다. 오락실도 만홧가게와 마찬가지로 금지된 공간이긴 했지만, 선생님들의 감시는 좀 느슨했던 것 같다. 어른들의 우려에 크게 개의치 않고 종종 오며 가며 주머니에 동전이 있으면 들르곤 했다.

엄마는 김종례의 〈엄마 찾아 삼만리〉를 읽고 뒤꼍에서 하염없이 울었다는 이야기를 수도 없이 했다. 그러면서 꼭 덧붙이는 말이 '그 만화 좀 다시 봤으면'이다. 얼마 전 부산 보수동 헌책방 골목의 한 가게에서 초등학교 때 읽던 '김영숙'의 만화를 발견했는데, 엄마는 그 얘기를 듣더니 김종례의 엄마 찾아 삼만리 같은 만화는 다 어디로 간 거냐고 묻는다. 나는 "박물관에 있겠지"라며 조금은 무심하게 대답했다.

엄마는 만화책이 자신의 딸에게 매우 귀한 양식이 될 줄 일찌감치 간파했다. 엄마는 만홧가게에서 여러 권의 만화책을 빌려다 주었는데, 따뜻한 방에서 또는 시원한 마루에서 배를 쭈욱 깔고 쌓아 놓고 읽었다. 무엇보다 신나는 일은 만화책을 쌓아 놓고 읽는 것인데 여기서 '쌓아 놓는'이 포인트다. 여러 권의 만화책을 빌려 올 때면 아직 읽기도 전인데 너무 좋아서 손바닥이 간질간질해진다. 그때 당시 엄마가 빌려다 준 만화책 장르는 주로 감동·명랑·스포츠였고 순정純情으로 넘어가는 것은 한참 뒤였다. 그림이며 내용까지 지금도 선명하게 기억나는 명랑만화 한 편이 있는데, 때는 바야흐로 낙엽 지는 가을, 주인공은 가난한 화가이다. 그는 이웃에 사는 한 소녀를 좋아하는 데 소녀는 병이 들어 기운이 하나도 없이 병원 침대에 누워 있다. 병실 창밖에는 앙상한 나무 한 그루가 있고 금방이라도 떨어져 버릴 것 같은 낙엽이 위태롭게 매달려 있다. 소녀는 병간호를 하고 있는 동생과 병문안을 온 화가에게 금방이라도 바스러져 떨어질 것 같은 나뭇잎이 자신과 꼭 비슷하다며, 저 나뭇잎이 떨어지지 않고 가지에 붙어 있으면 자신도 살 수 있을 것 같다는 말을 한다. 그날 밤 세찬 바람이 불었고 소녀는 그 나뭇잎이 견딜 수 없을 거라 생각하면서도, 한 조각의 희망을 품고 병실 커튼을 열었다. 그러자 소녀의 눈앞에 나타난 것은 앙상한 나뭇가지에 단단히 붙어 있는 나뭇잎이었다. 소녀는 기쁨의 눈물을 흘리며 삶에의 희망을 다시 품는다.

어디서 많이 본 듯한 스토리지 않은가? 슬프고 감동적인 서사와는 달리 만화의 그림체는 명랑 콘셉트여서 웃기고 귀엽다. 주인공 화가는 자신의 화풍을 '초추상화'라고 이름 짓고는 사람들이 하나도 알아주지 않는 그림만 그린다. 만화 스토리가 오 헨리의 단편소설 〈마지막 잎새〉와 비슷하고 '초 추상화'가 '추상화'에서 비롯된 것일지도 모른다고 생각한 건 훨씬 나중 일이다. 지금 생각해 보니 아마도 소녀를 살린 '나뭇잎'의 극사실주의가 추상을 뛰어넘은 '초추상'과 맞닿은 것은 아닌가 싶다.

나의 읽기 능력은 만홧가게에서 빌려다 보거나 매달 발행되는 소년잡지의 연재만화를 읽으면서 증대되었다. 너무나 흥미진진하게 읽었던 연재 만화가 있었는데, 아마도 잡지 〈새소년〉에서 연재하던 게 아닌가 싶다. 제목이 〈능금이 꽃 피는 나무〉였던가? 인간의 폐부를 찌르는 서사에는 빠질 수 없는 출생의 비밀이 이 만화에도 있었다. 어느날 큰 회사의 회장인 할아버지가 '고아원'으로 손자를 찾으러 온다. 하지만 어김없이 그 자리는 할아버지의 친손자가 아닌 가짜가 차지하게 된다. 할아버지를 따라 저택에 들어간 (가짜) 손자는 늘 불안해하면서 그 자리를 겨우 지켜 나가는데... 사실 매달 소년잡지를 사서 볼 형편이 안 되었기 때문에 결론은 기억나지 않는다. 하지만 그 주인공 '소년'의 날렵한 턱선과 눈 한쪽을 가린 바람에 날린 듯한 헤어스타일 그리고 '사빈'이라는 이름은 너무나 또렷하다. 특히 그 이름, 수많은 '빈'들 중에 역시 최고의 이름은 '사빈'이 아닌가, 너무나도 클래식한 이름이다. 자연스럽게 순정만화의 세계에 빠질 수밖에 없었다.

친구는 나에게 만화책 〈베르사유의 장미〉를 빌려주었다. 단 한 권뿐이었는데 나는 이 만화책을 수십 번 읽었고 그 책을 친구에게 돌려주고 싶지 않았다. 이 만화책으로 순정만화의 세계에 눈을 뜨게 되었다. 마리 앙투아네트의 화려한 헤어스타일과 드레스 그리고 '오스칼'을 달력 뒷면에다 매일같이 그렸다. 그리고 김동화와 한승원의 그림체를 너무나 좋아해서 흰 종이만 있으면 내가 좋아했던 만화 주인공들을 그대로 따라서 그렸다. 이때는 정말 하루 온종일이라도 그릴 수 있을 것 같았고 또 만화 그림을 갖고 싶어하는 친구들에게 주기도 했다. 그런데 만화를 좋아하고 주인공들을 열심히 그리면서도 나는 만화가의 꿈을 키우지 않고 화가

와 의상 디자이너가 되겠다고 항상 생각했고 누가 물어보면 언제나 '화가' 또는 '디자이너'라고 대답했다.

고학년이 될수록 학교에서는 만화방에 가는 것을 더 적극적으로 금지했다. 자라나는 어린이들에게 만화는 별로 도움될 게 없고 또 무엇보다도 그 '공간성'의 음침함이 해악을 끼친다고 여겼던 것 같다. 당시 J읍에서 제일 큰 만홧가게는 현재의 시장통 입구에 있었는데, 만화책 한 권을 만화방에 앉아서 보거나 빌리는 값이 적지 않아서 자주 가지는 못했다. 들어가면 벽을 빙 둘러 빼곡하게 채운 책장에 장르별로 만화가 꽂혀 있고 한쪽에는 무협지들도 꽂혀 있었다. 무협지가 있는 쪽에는 몸을 의자 깊숙이 파묻고 꼭 책 속으로 빨려 들어갈 것 같은 포즈로 두꺼운 무협지를 읽는 청년들이 있었다. 그쪽은 우리 구역은 아니어서 근처에도 가질 않았다. 만홧가게 안에는 항상 청국장이며 된장 냄새가 났었는데, 아마도 그 주인 내외는 어둠침침한 곳을 찾아 들어온 고객을 위해 배려 차원에서였는지 환기라는 걸 전혀 하지 않았던 것 같다. 주인 부부에게는 아기도 한 명 있었고 가게에 딸린 방에서 살고 있었다. 가게에 딸린 방은 훤히 보였는데, 한쪽엔 늘(적어도 내가 가서 볼 때는) 밥상이 놓여 있었고 머리며 옷매무새가 늘 자다 일어난 사람들 같았다. 그곳의 공기가 맘에 들진 않았지만 가장 많은 만화를 보유하고 있는 곳이라 친구와 나는 다른 선택의 여지가 없었다. 나는 친구와 순정만화 코너 앞에 서서 김영숙 글/그림의 만화책들을 뒤적이곤 했다. 친구는 J읍에서 한때 크게 유행했던 '속독법 학원'엘 다녔는데, 그 애의 목적은 하루라도 빨리 속독법을 익혀, 읽을 만화를 고르는 척하며 선 채로 한 권을 후딱 읽어버리는 것이었다. 눈알을 사선으로 굴리는 수련을 쌓더니만, 어느샌가 내용을 훑어보는 척하면서 한 권을 금세 읽어 재끼는 것이었다. 나도 그 학원엘 다니고 싶었지만, 엄마는 그런 말도 안 되는 학원이 있냐며 쓸데없는 걸 가르친다며 일언 지하에 내 간청을 무시했다.

나는 얼굴을 매우 넓적하게 그리는 김영숙의 그림체를 별로 좋아하진 않았다. 그보다는 날렵한 턱선을 좋아해서 김동화나 한승원의 그림을 좋아했고 황미나의 그림도 좋아하긴 했지만, 어딘가 산뜻하다고 여겨지지는 않았다. 그러나 좋아하진 않았던 김영숙의 그림이 내 마음에 들어오게 된 계기가 생겼다. 나중에 친구들과 절에 놀러 가서 몇 날 며칠 동안 그녀의 만화를 읽다 보니 그 그림에 빠지지 않을 수 없었다.

1982.
우리가 사랑한 최초의 캐릭터 ET

   가수도 기억나지 않고, 가사도 정확하지 않다. "식빵같이 생긴 이티의 머리 하하하하 우스워, 송아지 닮았네! 이티의 두 눈 하하하하 귀여워 이티~, 이이티~ 내 친구 이티!" 그러나 리듬만큼은 지금도 생생하게 떠올라서 당장이라도 누가 부르라고 하면 부를 수 있다. 내 기억 속의 이티 노래이다. (이제 찾아보니 김창완 밴드의 노래 「외계인 E.T.」라는 노래이다) 서울에서 절찬 상영하고 난 이후에 J읍 제일극장에서도 상영했었는지는 분명하지 않지만, 아마도 제일극장에서 상영했더라면 분명히 어떻게 해서든지 보러 갔을 텐데 본 기억이 전혀 없다. 그런데도 나를 비롯한 우리 모두는 이티를 알고 있었고 좋아했다. 이티를 향한 우리의 관심은 82년도에 시작하여 그 후로도 한참 지속되었다.

이티를 몹시 귀여워했음에도 불구하고 별로 호의적이지 않은 인물에게는 ET라는 별명을 붙여 주곤 했다. 중학교에 입학하고 보니, 이미 '이티'라는 별명을 독차지한 선생님이 있었고 그 별명과 연관된 이야기가 전설처럼 우리에게 전해지고 있었다. 우리도 선배들의 전통을 존중하는 의미에서 그 선생님의 성인 '송'에 이티를 붙여, 우리끼리 그 선생님을 부를 때는 항상 '송 이티'라고 부르곤 했다. '송 ET'와 선배들 간에 얽혀있는 매우 슬프고도 안타까운 이야기가 전설처럼 전해지고 있었다.

'송 이티' 선생은 3학년 졸업반 담임이었고, 졸업식 날에 그 반 학생들은 기억에 남을 좋은 추억을 만들기 위해 'ET 공책, ET 책받침, ET 인형, ET 티셔츠, ET 지우개, ET 연필' 등등 온갖 이티 캐릭터 상품들을 커다란 상자에 가득 채워 선생님께 선물로 주었다. 이제는 모두가 '안녕, 반 친구들아 그리고 선생님!' 하면서 앞날의 축복을 빌어주어야 할 때, 그야말로 날벼락이 떨어졌다고 한다. 총각이었던 '송 이티' 선생님은 불같이 화를 냈고, 그 반 언니들은 졸업식 날 회초리로 손바닥을 맞아 얼얼한 채로 돌아갔다. 언니들의 '잊지 못할 추억 만들기 대작전은' 그야말로 대성공을 거두었겠지만, 위트와 유머는 날아가고 얼얼함과 무안함만이 교실 공기를 가득 채웠을 것 같다. 그야말로 언니들의 기억에 영원히 남을 졸업식이 된 것이다. 아마 이 사건을 계기로 해서 그 선생님의 별명은 '송 이티'라는 사실이 공고하게 되었던 것 같고 그래서 우리에게도 또 우리 후배들에게도 면면히 전해질 수 있었다. 그 귀여운 별명을 왜 선생님께서는 그렇게 기분 나빠 하셨는지 알 수가 없다.

당시에 오리온 초코파이 한 상자를 사면, 그 안에 연필 꽁무니에 꽂을 수 있는 손가락 한 마디 크기의 플라스틱 ET 인형이 한 개 들어있었다. 우리는 작든지 크든지 간에 ET 캐릭터 인형이라면 무엇이든 하나라도 갖고 싶어 했었고, 특히 초코파이 상자에 들어있던 그 연필꽂이 ET 인형은 작고 앙증맞아서 더 인기가 있었다. 하지만 초코파이를 한 개씩 낱개로 아니고 상자로 산다는 것은 선물로 받으면 또 모르지만 흔한 일은 아니어서 그 인형을 가지고 있던 아이들은 거의 없었다. 티셔츠, 운동화, 문구류, 가방 등 온갖 어린이들의 필수품에는 거의 이티가 등장했고 나는 그중에 ET 티셔츠를 가지고 있었다. 수학여행 갈 때 입으려고 새로 산 티셔츠에는 식빵같이 생긴 ET 얼굴이 크게 그려져 있었다.

목둘레와 소매 부분에는 자주색 바이어스를 덧대었고 가슴팍에는 귀여운 이티가 그려져 있는 흰색 면 티셔츠이다. 바람이 몹시 부는 날 부산 태종대 모자상 앞에서 쓰고 간 모자를 벗어서 손에 꼭 쥐고는 마구 흩날리는 머리를 하고 사진을 찍었다. 바람과 햇빛 때문에 내 얼굴은 찡그리고 있는데 ET는 웃고 있다.

1983.
수학여행

 6학년이 되었고 수학여행을 가느냐 마느냐 이런저런 이야기가 많다가, 드디어 가는 것으로 결정이 되었다. 일정은 1박 2일로 아산만 삽교천 방조제를 지나 울산 현대자동차 공장 견학, 부산 용두산 공원, 태종대, 해운대, 경주 불국사, 석굴암, 흔들바위, 이승복 어린이 기념관까지였다. 장소들을 보니, 사방이 땅으로 둘러싸인, 초 내륙지역 학생들을 배려한 일정이 아닐 수 없다. 선택한 대부분의 지역이 바다에 인접한 곳이고 짧은 일정의 강행군 속에서도 모래사장이 펼쳐진 해변 '해운대'를 포함시킨 것이 그 증거다. 1박 2일 동안 어떻게 저 일정을 모두 소화했는지 먹은 걸 다 토할 정도로 관광버스만 오래도록 타고 돌아다녔다. 하지만 그렇게 오랫동안 버스를 타는 것 자체가 특별한 경험이었기 때문에 노래도 부르고 과자도 까먹으면서 우리는 흥겨움에 취했다.

좀 논다는 아이들의 지정석인 버스 맨 뒷자리는 남자아이들이 차지했고, 버스 한 대 좌석의 개수가 부족해서 앞번호 아이들은 두 좌석에 세 명씩 앉기도 했다. 어린이들이 안전띠도 매지 않고 그것도 세 명씩 불편하게 앉아서 그 긴 여행을 한다는 건 지금 같으면 생각도 못 할 일이지만, 달리는 버스 안에서도 몸을 흔들며 금세 가무에 심취하는 사람들이 한민족이니 그리 어려울 것도 없었다.

맨 뒷자리의 남자아이들은 뭐가 그렇게 신이 났는지 연신 노래를 불러댔다. '야구방망이 도낏자루 이마를 타고 처벌만 기다리는 공처가 신세' 뭐 이런 내용의 노래 가사였는데, 가사 내용을 모르는 건지 알면서도 그런 건지 남자아이들의 목소리는 점점 더 커져만 갔고 흥은 하늘을 찌를 듯했다.

우리는 경주에서 1박을 하고 아침 일찍 토함산 불국사에 올라갔다. 인터넷으로 남한 지도를 펼쳐 놓고 기억나는 여정을 따라가니 J읍에서 아산 삽교천 방조제로 해서 부산 그리고 울산, 경주 그리고 - 중간에 포항제철을 들렀는지는 확실치가 않지만, 아무튼 - 포항을 지나 이승복 기념관이 있는 강원도 평창에 도착해서, 그다음 다시 J읍으로 오는 여정인 듯하다. 우리의 수학여행 코스는 '대한민국'의 눈부신 발전상을 온전히 체감하게 하는 선생님들의 매우 사려 깊은 계획이라고 아니할 수가 없다.

우리의 본격적인 여정은 1979년 10월 26일 완공된 '아산 삽교천 방조제'에서 시작되었다. 바다를 메워 땅을 만들어 국토의 면적을 늘렸다는 설명을 들었다. 그럼 '땅'을 구경하기 위해 그곳에 간 것이었나? 그저 황량하기만 한 회색의 시멘트밖에 떠오르지 않는다. 의미의 과잉으로 점철된 역사적 스토리는 아무 감동도 없다. 나는 속히 모래가 펼쳐진 해변과 바다가 있는 부산으로 가고 싶었다. 해운대에 도착한 우리는 소리를 지르면서 바다로 돌진하고 있었다. 누가 보면 도대체 어디서 온 아이들이길래 이렇게 천지 사방도 분간 못하고 뛰어다니냐고 했을 것이다. 한쪽에서는 어디서 온 언니들인지 교복을 입고 친구들끼리 어깨동무를 하고는 밀려오는 파도를 깡충 뛰어넘고 있다. 식중독 걸린다며 절대 사 먹지 말라는 소라를 이쑤시개로 쏙쏙 빼먹는 것도 재미났다. 바다도 한 번 제대로 못 본 촌놈들이라며 선생님들은 우리를 한동안 그렇게 내버려두었다.

해운대에서 맡았던 비릿한 바다 냄새도 좋았고 바다에서 정신없이 뛰어놀았던 장면이 한 장의 사진처럼 완벽하게 떠오른다. 다들 정신없이 뛰어다니고 소리 지르고 놀다가 이제 다음 장소로 이동해야 할 순간이 왔다. 벗어 두었던 양말로 발에 묻어 있던 모래를 털고 신발을 신었다. 그런데 한 남자애가 울고 있었다. 나는 개랑 한 번도 같은 반이 되어 본 적은 없지만 넓적한 그 애 얼굴은 익히 알고 있었다. 그 애는 선생님을 따라갔고, 나는 여기에 얽힌 사연을 대략 20년 세월이 지나서야 듣게 되었다. 그 넓적한 얼굴의 남자애는 소중한 새 신발이 젖을까 봐 해운대 모래사장에 고이 묻어 놓았었고, 실컷 놀고 나서 찾아보니 어디에다 신발을 묻었는지 알 수가 없었다는 것이다. 그래서 선생님이 사준 실내화를 신고 수학여행의 긴 여정을 완주했다는 웃기고 슬픈 이야기였다. 신발 속에서 미처 털어내지 못한 모래의 까끌까끌한 느낌이 나쁘지 않았고 얼굴 살갗에 들러 붙어 잘 떼어지지 않는 모래들은 반짝거리며 빛이 났다. 우리는 부산에서 해운대를 떠나 용두산 공원과 태종대 모자 상이 있는 곳을 들렀다.

다음 여정으로 현대자동차 공장을 견학했고 포항제철도

갔었던 것 같기는 한데 이곳에 대한 기억은 아예 없다. 경주에서 제일 많은 시간을 보냈고 이곳에서 단체 사진도 많이 찍었다. 석굴암의 부처님 이마에 있던 보석을 일본인들이 훔쳐 갔다는 이야기를 들으면서 우리는 일본을 향해 분개했다. 우리의 여행도 이제 막바지를 향해 갔고 수학여행의 대미를 장식할 마지막 종착지는 역시 반공·승공의 상징인 '이승복 기념관'이었다. 우리는 기념관 안을 둘러보며 북한 괴뢰군의 만행에 몸서리를 쳤고, 이승복 어린이가 용감하다고는 생각했지만 나는 절대로 그렇게는 못할 것 같다는 생각을 했다. 1박 2일 동안 많은 곳을 돌아다니느라 나는 너무나 피곤했고 지쳐 있었다. 우리는 그렇게 '국민 만들기'의 완벽한 수학여행의 일정을 마치고, 마지막 여행지를 벗어나면서 버스 안에서 꿀잠을 잤다.

1983.
템플스테이

친한 친구 두 명과 함께 어느 해 겨울, 우리는 산속 절로 향했다. 그 절은 친구의 친척분이 주지로 있는 여승만 있는 곳이었다. 우리들 가방에는 김영숙의 〈내 사랑 마리벨〉 열두 권이 들어있었다. 그곳에는 무슨 사연이 있는지 이화여대를 졸업하고 이제 막 비구니가 된 언니 스님이 있었다. 눈썹이 진하고 웃는 얼굴이 인상적이었는데, 그 고요한 절간에서 젊은 언니 스님들과 늦은 밤까지 속닥거리다가 다른 스님들의 공부를 방해하기도 했다. 우리도 '이대梨大' 정도는 알고 있었던 터라 그렇게 좋은 대학을 나왔는데 대체 무슨 사연이 있길래 머리를 깎고 이 산중에 들어왔을까 몹시 궁금해했다. 하지만 읽어야 할 재미있는 만화책도 많았고 친구끼리 수다 떨고 노는 일에 정신이 팔려 있었기 때문에 아직 우리에게는 세상 복잡한 인간사에 관심을 기울일 겨를이 없었다.

절은 '쥐 죽은 듯이' 고요했지만, 13살짜리 여자애들에게 사찰의 고요는 별로 문제가 되지 않았다. 친구를 좇아 들어간 주지 스님 방엔 말로만 듣던 비디오 플레이어가 있었다. 재미있는 볼 만한 테이프가 있을까 둘러 보았는데 있는 거라고는 텔레비전 'TV문학관'에서 보고 충격을 받았던 〈등신불〉 테이프 외에는 없었다. 또 주지스님 방에는 호두며 잣이 많았는데, 요즘처럼 견과류가 흔하지 않았던 때라 그때까지 살면서 먹어본 기억이 별로 없었다. 그만큼 귀했던 호두와 잣을 우리는 한 움큼씩 집어서 입에 털어 넣었다. 그 고소한 맛은 정말이지 기가 막혔다. 나는 교회를 다니고 있었지만 이런 걸 맘껏 먹을 수 있다면 절도 나쁘지 않다고 생각했다.

밤에는 친구들과 누워 만화책 김영숙의 〈내 사랑 마리벨〉을 쉬지 않고 읽었다. 한 사람이 1권을 읽기 시작해서 다 읽으면 이제 옆 사람에게 1권을 넘기고, 첫 번째 사람은 2권을 세 번째 사람은 자기 차례가 올 때까지 다른 소소한 읽을거리들을 뒤적거리며 기다렸다. 마침내 셋 모두가 만화책을 읽게 되면 숨 고를 사이도 없이 읽어 내려갔다. 우리가 겨우 누릴 수 있는 짧은 읽는 속도에 따라 생기는 아주 짧은 순간이다. 역시 속독법 학원 다닌 친구가 늘 빨랐다. 우리는 절에 있는 동안 〈내 사랑 마리벨〉을 아마 좀 과장해서 수십 번 읽은 것 같다.

스님들은 우리가 밤늦게까지 떠드는 것만 좀 나무라고 그 외에는 일체의 간섭을 하지 않았고 오히려 무척 귀여워했다. '템플 스테이'를 하는 동안 어느 날은 절 근처로 스님들과 소풍을 나갔다. 나는 그 소풍 자리에서 이용의 「잊혀진 계절」을 불렀다. 동요는 이미 우리의 정신세계와는 동떨어져 있었고, 우리는 〈국풍 81〉에 「바람이려오」로 등장했던 가수 이용의 노래를 한창 좋아했었다. 그때 불자의 길을 걷기로 작정했던 비구니 스님들은 내 노래를 들으면서 어떤 생각을 했을까? 노래가 끝났을 때 환하게 웃으면서 박수를 크게 쳐 주었던 것만 기억에 남는다.

산속 깊은 절에서도 '세속'의 삶을 누리고 '속세'로 돌아오고 나서는 더욱 가열차게 만화방을 드나들었다. 우리는 김영숙이 그린 만화를 섭렵하면서 어딘가 그림체가 변했다고 생각했다. 또 때마침 '사실 김영숙은 한 사람이 아니라 여러 사람이다. 또 젊은 사람이 아니라 할머니다'라는 소문들이 우리 사이에 돌았다. 예전의 '문하생'을 두었던 만화제작 시스템을 생각하면 어느 정도 일리가 있는 소문이었던 것 같기도 하다. 나는 열심히 달력 뒷장에 김영숙 만화의 주인공들을 그렸다. 이목구비를 잘 표현하기 위해, 특히 '물방울과 보석, 반짝 별이 한가득 담긴 눈'을 온전히 담아내기 위해 혼신의 힘을 다했다. 그러기 위해서는 얼굴은 최대한 넓적하게 그려야만 했고 부드러운 머릿결과 자연스러운 컬도 표현해 내었다. 보고 그리는 것이 아닌 나만의 캐릭터를 만들어 낼 때는 〈캔디 캔디〉의 '이라이자' 헤어스타일을 좋아해서 온통 그 머리 모양으로 그리기도 했었다. 나의 이 '베끼기' 훈련은 나만의 '종이 인형 캐릭터'들을 탄생시켰고, 옷을 다양하게 갈아입힐 수 있게 만든 수영복 차림의 종이 인형 세트는 친구들의 '머스트 해브 아이템'이 되었다.

중학교에 들어가서도 만화책 읽기와 캐릭터 그리기는 계속되었다. 그러다가 점차 팝송, 라디오, 소설로 관심이 옮겨갔고 특히 주말마다 텔레비전에서 방영하던 영화는 그야말로 나에게는 신세계를 펼쳐 주었다. 한 번은 이소룡 주연의 〈용쟁호투〉를 텔레비전에서 보고는 이모에게 무술을 수련할 수 있게 책을 구해다 달라고 했다. 이모가 청주 큰 서점에서 구해 온 책을 손에 넣고는 한동안 '수련'에 심취했었다. '사랑방 중계'라는 텔레비전 프로에도 나왔던 검정색 뿔테 안경의 폴라티를 입은 영화평론가 정영일 씨는 시청자들이 꼭 봤으면 하는 영화에는 '놓치지 마십시오'라는 암호 아닌 암호 같은 말을 남겼다. 나중에는 〈스크린〉과 〈로드쇼〉같은 영화잡지를 읽으면서 정말 막연하게 '여자 정영일'처럼 영화평론가로 살면 어떨까 생각해 본 적이 있었다.

1984.
요절 작가의 매혹

 양복을 입은 한 남자가 아침 자습 시간에 교실에 들어왔다. 국어 선생님의 배려로 우리에게 좋은 책을 소개하게 되었다며, 두 권으로 구성된 '한국 단편 문학선'을 꺼냈다. 그 남자는 매우 설득력 있는 어조로 책 소개를 시작했는데, 김동인, 김동리, 계용묵, 현진건, 나도향, 김유정, 주요섭 등이 국문학사에 길이 남을 작가들이라며 그들의 주옥같은 작품을 필독해야만 하는 이유를 장황하게 늘어놓았다. 듣는 둥 마는 둥 하는 아이들도 있었지만, 우리 반의 몇몇 아이들은 꽤 집중하는 눈치였다. 우선 신청서만 내면 책을 받을 수 있고 대금은 나중에 내라는 것이었다. 그래서 나도 일단 신청서를 받아 들었다.

 한국문학의 세계에 입문해 보겠다는 나의 의지에 엄마는

기뻐하며 흔쾌히 신청서에 도장을 찍어 주었다. 짙은 자주 색깔의 하드커버로 된 두 권의 책을 받아 들고 읽어볼 생각을 하니 약간 흥분되었다. 뭔가 읽을거리가 있다는 것은 지루한 시간을 견뎌낼 수 있게 할 뿐만 아니라 시·공간을 초월해 다른 세계에 잠시 머물 수 있는 타임머신을 소유한 것과도 같게 여겨졌다. 나는 〈B사감과 러브레터〉나 〈아네모네 마담〉을 읽고 〈물레방아〉, 〈감자〉와 〈날개〉를 읽어 나갔다. 이 책에는 소설뿐만 아니라 작가에 대한 간단한 소개와 문학사적 의의도 서술되어 있었는데, 오늘날에 보면 '수능을 위한 교과서 수록 한국 단편선' 정도의 구성으로 볼 수 있겠다. 리얼리즘이니 자연주의니 하는 문예사조는 알지도 못했고 '명작'이라고는 하지만 도대체 왜 '명작'인지 도통 알 수가 없었다. 그중에서도 이상의 소설 〈날개〉는 '이상'했다. 도무지 이해할 수가 없었다. 그를 두고 작가 소개 글에서는 '박제가 된 천재'라 했고 나는 연습장에 '요절복통 이상'이라고 적었다. '젊은 나이에 일찍 죽음'과 '허리가 끊어질 정도로 웃기고 배 아픔'을 구분하지 못하고 연습장에 '요절복통 이상'이라고 적어 놓고는 한동안 내가 작가 '이상'을 알고 있다는 사실에 우쭐했다. 이른 나이에 세상을 떠난 사람들에게는 무슨 숨어있는 곡절이 있을 것만 같아서, 무엇이 그들을 그토록 고뇌에 빠지게 했는지 궁금했다.

'이상'으로부터 시작된 요절한 자들을 향한 끌림은 이유 없는 반항의 상징인 제임스 딘, 귀를 잘라 버린 고흐 그리고 이모의 다락방에 있던 수필집의 저자 전혜린으로 이어졌다. 그리고 훨씬 그 뒤엔 〈삼중당〉에서 나온 문고판 책을 고르다가 작가 소개에 '독살당한 것으로 추정'이라는 문구에 나도 모르게 뽑아 든 막심 고리키 단편선을 만나게 되었다. 그때 나는 천재도 아니면서 '요절할지도 모른다'는 두려움을 동반한 착각을 하고 있었다. 그래서 친구들이 전영록, 이선희 혹은 김승진, 박혜성에 몰두해 있을 때, 나는 코웃음을 치며 김동인의 〈운현궁의 봄〉이라든가 게오르규의 〈25시〉를 끼고 다니면서 아는 체를 했다. 지적 허영심을 충분히 즐기면서 그 시절을 보냈던 것 같다.

중학교 때 국어 선생님이 말씀하시기를, 한 여자가 맞선을 보러 나갔더니 남자가 "셰익스피어의 로미오와 줄리엣은 읽어보셨나요?"라고 질문을 했고, 여자는 "네. 로미오는 읽어봤는데 줄리엣은 못 읽었어요"라고 대답을 했다는 것이다. 그 이야기를 듣고 당시에 무슨 생각이 들었는지는 전혀 기억나지 않는다. 그래서 책을 많이 읽으라는 것인지 아니면 거짓말을 하지 말아야 한다는 것인지. 뭐 저 정도의 교양이 없으면 결혼도 못 한다는 뜻이기는 한데, 지금 생각하면 너무나 지루한 에피소드다. 여하튼 계몽사에서 나온 '소년소녀 세계문학전집' 버전으로 된 '로미오와 줄리엣'을 읽기는 해서 아는 척을 했다.

한글을 뗀 후부터 시작된 나의 지적 허영심은 '요절복통의 시대'를 지나 높이 띄운 앞머리를 스프레이로 딱 고정한 '허세의 결정판' 헤어스타일로 채비를 하고 오만가지에 관심을 가졌다. 허영심 중에서도 '지적 허영심'은 꽤나 힘 있는 추동력을 가지고 있음에 틀림없다. 허영심을 채워줄 만한 것들이라면 온갖 것들에 관심을 기울이는 '잡식성'이 그 특성이기도 하지만, 그것은 호기심 어린 태도로 새로운 대상에게 다가갈 수 있게 하는 원동력이며 세상만사에 대한 애정의 발로이다.

텔레비전

친구네 집 텔레비전에는 MBC가 나왔었다. 〈사랑의 학교〉, 〈요술공주 세리〉, 〈사파이어 왕자〉, 〈호랑이 선생님〉, 〈모여라 꿈동산〉 그리고 일요일 아침의 〈은하철도 999〉까지 모두 MBC에서 방송한 프로그램이었다. 하지만 몹시 애석하게도 우리 집 텔레비전에서는 KBS만 나왔다. 텔레비전의 브라운관 화면으로 MBC 방송을 보면 왠지 좀 진하고 선명한 느낌이 있었다. 반면에 KBS의 방송 화면은 어딘가 좀 희끄무레한 한 것이 선명하지 못하다고 할까? 좋게 이야기하면 전체적으로 부드러운 느낌은 있었다.

아무튼 재미있는 프로그램은 죄다 MBC에서 하고 너무 보고 싶은 마음에 방송할 시간이 되면 MBC가 나오는 친구네 집에 눈치도 없이 갔었다. 왜 눈치가 없냐면 우리가 좋아하는 만화가 방송되는 시간은 보통 저녁을 먹는 때이기 때문이다. 게다가 〈은하철도 999〉는 일요일 아침에 했기 때문에 어디 멀리 친구네 집에 갈 수도 없었다. 그래서 제재소였던 앞집에 일요일 아침 댓바람부터 슬슬 눈치를 봐가며 텔레비전을 보러 갔었다. 사실 우리 집에는 한국에 TV가 보급되기 초창기부터 텔레비전이 있었다. 엄마 친척 중에 한 분이 서울에서 TV학원을 다니며 텔레비전 기술을 배웠는데, 앞으로는 벽이나 상자 안에서 활동사진이 나온다고 J읍에 올 때마다 진작부터 우리 외가 식구들에게 신문물에 관해 이야기했다고 한다. 비록 날씬한 다리에 슬라이드 문이 부착된 텔레비전은 아니었지만, 우리 집에는 14인치 흑백 브라운관의 주황색 박스 텔레비전이 오래전부터 있었다. 불란서 양옥집으로 이사 오기 전부터였으니까 아마 77년도나 78년도가 아니었나 싶다.

우리를 매혹했던 대부분의 텔레비전 프로그램은 외화였고 〈미래소년 코난〉, 〈플로네의 모험〉처럼 동글동글한 얼굴의 귀여운 주인공들이 나왔던 애니메이션들은 죄다 일본만화였다는 사실을 먼 훗날에 알게 되었다. 밤에 동네 아이들하고 놀다 보면 한 번쯤 꼭 듣게 되는 효과음이 있다. '뚜뚜뚜뚜뚜뚜' 〈600백만 불의 사나이〉의 주인공 리 메이저스가 한쪽 눈을 찡그리면서 슬로우 모션으로 달릴 준비를 하면 여지없이 그 효과음이 나온다. 그렇다면 이제 사건은 해결이다. 〈소머즈〉나 특히 내가 달력 뒷장에 자주 그렸던 〈원더우먼〉도 인기가 많았다. 하지만 무엇보다 내가 좋아했던 외화는 아라비아 복장과 베일을 둘러쓴 여인이 등장하는 〈아내는 요술쟁이〉였다. 이 여자는 남편에게 화가 나면 팔짱을 끼고 머리를 아래위로 흔들면 호리병으로 들어갈 수 있다. 작은 호리병 속 그녀만의 공간에는 침대와 화장대 등 모든 것이 갖춰진 곳이었고 그녀를 제외하고는 어느 누구도 들어갈 수가 없어서 화가 풀려야 다시 밖으로 나왔다. 아마도 이 프로그램 때문에 요술반지에 심취하게 된 것은 아니었나 싶다. 저녁이면 안방에 모두 모여서 그 작은 텔레비전에 모두 초집중했다. 김영란 씨가 옥녀로 나왔던 드라마가 특히 기억에 남는데, 옥녀가 방 안에 앉아서 거울을 꺼내 쳐다보면 그 거울 속에서 옥녀 엄마가 '옥녀야~~ 옥녀야~~' 이름을 불렀다. 옥녀가 거울을 꺼낼 때부터 나는 무서워서 방 안쪽으로 자리를 옮기며 슬금슬금 할머니나 엄마 뒤에 숨었다.

할아버지가 돌아가시고 읍내에서 좀 떨어진 외곽으로 이사를 가고 나니 전기 수급에도 문제가 생겼고, 텔레비전도 안테나 때문인지 잘 안 나왔다. 그나마 간신히 잡히던 방송이 KBS이었는데 재미없는 내용이 나와도 선택의 여지가 없어서 그냥 봐야 했다. 그나마 나중에 KBS 채널이 하나 늘어나 상황이 조금 나아지기는 했지만, 또 텔레비전 수신 상태가 좋지 못해서 브라운관에 가로줄이나 세로줄의 비가 내리는 경우도 많았다. 그때마다 텔레비전 위나 옆 부분을 손으로 탁탁 치거나 혹은 텔레비전에 달려 있던 안테나를 이리저리 돌리면 신기하게도 줄이 없어지기도 했다. 80년대 들어와서 컬러텔레비전이 보급되고 우리 집도 한 대 장만을 하긴 했지만 이사 온 지 몇 년이 지났어도 읍내 외곽의 수신 상태는 나아지지는 않았다.

그러던 어느 날 길 건너 제재소에서 불이 났다. 제재소에서 화재가 발생했다는 것은 사방 온 천지가 불쏘시개라는 의미이다. 다행히 빨리 진압은 되었는데 문제는 엉뚱한 데서 벌어졌다. 앞에서도 얘기한 것처럼, 그때 우리 집까지 전기가 들어오지 않았고 한전에서 전봇대도 세워줄 상황이 안 되었는지 임시로 제재소 집의 전기를 연결해서 쓰고 있었다. 그런데 제재소에서 화재가 났던 바로 그 시점에 우리 가족이 보고 있던 텔레비전이 '퍽' 소리를 내며 화면이 나가버렸고 그대로 깨어나질 못했다. 곧 앞집 화재가 원인일 것이라는 추측을 했고 사태의 진상 파악에 나섰다. 실제로 텔레비전의 고장은 화재로 인한 전기합선이 원인으로 밝혀졌고 제재소 집 여자 사장은 선심이라도 쓰듯이 자기네 집에서 쓰던 텔레비전을 주고는 서둘러 사건을 마무리했다. 그 집에서는 네 개의 다리가 달려 있고 슬라이드 문이 있는 화면 사이즈가 좀 더 큰 텔레비전을 보내왔다. 하지만 역시나 MBC 방송은 나오지 않았고(텔레비전의 문제가 아니었나 보다) 시간이 얼마쯤 지나서는 채널 돌리는 다이얼이 헐거워지면서 결국에는 채널 손잡이를 빼내고 펜치로 잡고 돌려야만 했다. 그렇게 한동안 그 텔레비전으로 방송을 보다가 아마도 냉장고, 세탁기, 텔레비전을 한꺼번에 최장기 할부로 사들였던 것 같다.

  그 텔레비전에는 만화와 연속인형극은 물론이고 밤늦게 방영하던 외화들, 목까지 올라오는 폴라 티셔츠에 까만 뿔테를 쓴 정영일 아저씨와 함께 했던 '명화극장' 그리고 시그널 음악 때문에 심장이 두근거렸던 '토요명화'가 있었다.

그리고 할머니가 무척 좋아했던 '사랑방 중계'와 '무엇이든 물어보세요' 그리고 이산가족 찾기 방송 또 크리스마스가 다가오면 '파리나무 십자가 소년 합창단'의 내한 공연을 TV로 광고했었는데 그 광고만으로도 성탄절 분위기가 물씬 났다. 지금은 TV에서 전혀 볼 수 없는(할 필요가 없기 때문에) 정비석 소설가의 책 광고가 있었고 시그널 음악 '물망초 꿈꾸는 강가를 돌아'가 시작되면서 가곡 「임이 오시는지」가 흘러나왔다. 밤 9시쯤인가? "어린이 여러분, 이제 잠자리에 들 시간입니다."라는 친절하면서도 다정한 목소리가 텔레비전에서 나왔다. 아마도 남한의 어린이들 대부분이 밤 9시까지 열심히 텔레비전을 봤던 모양이다. 전기세 나간다는 할머니의 말과 TV의 '잠자리에 들라'는 다정한 말은 귓등으로 듣고 볼륨을 최대한 줄이고는 더 늦게까지 더 열심히 텔레비전 속으로 빠져들었다.

낮에는 보통 텔레비전이 나오지 않았는데, 이산가족 찾기와 올림픽 중계방송 같은 것은 낮에도 방송했었다. 그런데 어느 날 사이렌과 함께 날아든 한낮의 속보가 있었다. 미그기를 몰고 깜짝 등장한 이웅평 대위의 귀순 소식은 나와 같은 초등학생들에게는 그동안 열심히 받았던 반공교육의 실체적 증거가 됐었다. 삐라(전단지)를 주워 학교에 가져오는 아이들이 참 부러웠는데 조악한 컬러로 인쇄된 삐라에는 가족들이 둘러앉아 사과를 깎아 먹는 사진이 있었다. 우리는 북한 사람들이 흔한 사과 대신 바나나를 먹고 있었더라면 달리 생각해 볼 수 있었을 텐데, 라며 '불온한 생각'을 했다.

 같은 해 우리는 텔레비전으로 분단과 이산의 고통, 그리움, 분노가 어떻게 재현되는지 보면서 "우리의 소원은 통일"을 다짐하고 낮에도 중계되는 84년 LA 올림픽을 보면서 한국인의 근성에 감동하며 목이 메었다. 우리에겐 박찬숙 선수가 있었지만, 농구 코트에 등장한 중공의 진월방 선수의 가공할 만한 키에 압도당할 수밖에 없었다가 다행히도 그녀의 둔한 움직임에 한편으론 크게 안도했었다. 거의 매일 올림픽 중계방송을 보면서 한인들이 많이 살고 있다는 그곳이 어떤 곳인지 궁금했고, 미국에도 가고 싶었다. 또 초등학교 1학년 때 미국으로 떠난 친구도 보고 싶었다. 그때는 '나성'(로스앤젤레스)이 어딘지도 모르면서 대중가요의 '나성에 가면 편지를 띄우세요. 중간생략 중간생략' 가사를 미처 다 몰라 언제나 '중간생략'으로 노래 부르기를 끝맺곤 했다.

1984.
쫄면

쫄면은 1970년대 초 인천의 광신제면소에서 유래됐다. 만복당, 맛나당, 명물당의 3당과 대동학생백화점 분식코너 등은 쫄면의 성지였으며 쫄면은 질기다. 쭉쭉 늘어나지만 잘 끊기지는 않는다. 탄력성은 최고다. 북한식 냉면처럼 지나치게 가늘거나 하늘거리지 않는다. 두툼하고 우직하다. 그게 쫄면의 본모습이다. 그만의 매력이다. 쫄면은 본디 그렇게 태어났다. 쫄면은 그런 제 모습을 쉬 흩트리지 않는다. 생면이지만 방부제를 넣지 않아도 금방 상하지 않는다. 뜨거운 물 속에서도 잘 붇지 않는다. 끝까지 제 본 모습을 지킨다. 그런 쫄면의 본질은 인천 사람들의 정신과 닮았다. 서구 문물을 가장 먼저 들인 인천은 가장 화려한 도시였지만, 6.25 전쟁에서 최대의 피해를 보았다. 인천상륙작전은 도시

전체를 폐허로 만들었다. 하지만 인천 사람들은 강인하고 질긴 생명력으로 끝내 살아남았다. 살아남았을 뿐 아니라 전후 대한민국의 재건과 도약을 견인했다. (이상구, 〈끊김없고 회복력 강한 인천의 정신을 상징하는 쫄면〉, 오마이뉴스, 21.1.18)

쫄면이 인천의 정신을 상징하는 줄은 몰랐다. 인천에 지금까지 현존하는 만복당이 있다면, J읍에는 이에 못지않은 일미 분식이 있다. 쫄면의 시작이 70년대 초였다는 사실은 기사를 통해서 알게 되었는데, 내가 J읍에서 맛보게 된 시기는 84년도였으니, 쫄면이 개항 도시 인천에서 초 내륙지역인 J읍까지 도착하는 데는 시간차가 좀 있다. 물론 그 이전에 유입되었을 수도 있지만, 어쨌든 노란색의 고무줄같이 질긴 면발에 상상하기 어려울 정도의 매운 고추장 양념을 끼얹어 야채와 비벼 먹는 쫄면을 접한 것은 중학생이 되고 나서였다.

분식집은 어쩐지 초등학생들이 가는 곳이라기보다는 10대 청소년은 되어야 출입할 수 있는 곳이라는 생각을 했던 것 같고, 소위 냄비우동을 함께 팔던 빵집도 언니 오빠들의 만남의 장소로 인식하고 있었다. 물론 J읍에도 '고려당'(물론 이 고려당은 프랜차이즈로 유명했던 그 고려당이 아니다.)이나 '장수제과' 같은 제과점이 있었고 유리 쇼케이스 안에는 각종 빵과 케이크가 진열되어 있었다. 하지만 제과점 빵은 어쩌다 가끔 특별한 날에나 먹을 수 있었고 보통은 가게에서 파는 '보름달' '크림빵' '노을' 혹은 '카스테라'를 사서 먹었다. 특히 카스텔라는 꽤 고급 빵에 속했는데 포실포실하고 부드러운 빵을 다 먹고 나서 얇은 종이에 들러붙은 것까지 긁어먹은 후에 최종적으로 그 종이를 입안에 욱여넣고 질경질경 씹어야 먹는 전 과정이 끝난다.

제과점 케이크는 친구 생일파티에 초대되거나 아니면 크리스마스 때나 한 번 맛을 볼 수 있는 것이었다. 입에 개미가 꼬일 정도의 단 크림과 느끼한 버터 맛에 머리가 어질해질 정도였지만, 제과점 케이크는 세상에 존재하는 모든 빵 중에서 내가 상상할 수 있는 최고의 맛이라고 하기에 충분했다. 그러나 우리는 제과점 빵을 손쉽게 사 먹을 만큼의 돈이 없었고, 앞에서도 이야기한 것처럼 특별한 이벤트가 있을 때 가는 곳이란 인식이 있었다. 그래서 보통은 친구랑 둘이 가서 300원만 내도 먹을 수 있었던 학교 앞 즉석 떡볶이집이나 분식점을 갔었다.

당시 우리들 사이에는 쫄면이 아주 인기가 있어서 먹어

본 사람이면 누구든지 얼마나 매웠는지에 대한 극한 경험을 '누구는 물을 한 주전자를 마셨느니', '두 주전자를 마셨느니' 하면서 자랑삼아 떠벌리곤 했다. 내가 쫄면을 먹으러 갔던 그 분식집은 여닫이문을 열고 들어가면 왼편에 주방이 있고 오른쪽 홀에 몇 개의 탁자와 의자가 놓여 있었다. 그리고 바닥에서 약간 높은 문지방 너머에 작은 홀이 있었는데, 그곳은 좀 더 아늑하고 비밀스럽게 여겨졌다. 친구와 나는 작은 홀에 자리를 잡고 '쫄면 둘'을 주문했다. 그릇에 담긴 쫄면을 보자마자, 귀밑에서부터 입 안쪽으로 찌르르한 통증이 감지된다. 스텐 대접에 담긴 노란색 굵은 면발 그리고 양배추, 오이, 당근 등 채 썬 각종 야채와 뻘건 고추장, 우리의 매운 혀를 잠시 달래줄 삶은 달걀 반쪽, 입에서는 쫄면을 보자마자 침이 고이기 시작했고 젓가락으로 슬슬 비빌 때는 행복감이 최고조에 달했다. 면발을 입에 딱 넣는데, 와!! 매워도 너무 맵다. 면도 완전히 고탄력이어서 웬만큼 씹어서는 목구멍으로 넘길 엄두가 안 났다. 지금 생각해 보니 '인천의 정신'이 무엇을 말하는지 알 것 같다. 쫄면 한 젓가락에 물 한 컵, 다시 쫄면 한 젓가락에 또 물 한 컵, 결국 한 주전자의 물을 다 마시고도, 혀에 밴 매운기는 가시지를 않았다. 쿨피스 같은 음료가 있었더라면 좋았을 텐데, 그걸 마셨던 기억은 없다. 어쨌든 친구와 나는 불난 혀를 진정시키려고 물을 연거푸 마셔 쓰라린 입술을 달래며 쫄면 집을 나와, 시원한 하드로 활활 불이 나는 혀와 입술을 식혔다. 입안뿐만 아니라 머리까지도 얼얼하게 하는 쫄면을 그때 참 자주 먹었다.

  당시 J읍에는 나와 친구들이 자주 가던 '청자당', '아담분식' 그리고 인천의 쫄면 명가와 견주어도 전혀 쫄리지 않는 'since 1983 일미분식'이 있었다. '청자당'에서는 끝내주는 국물의 가락국수 스타일 냄비우동과 빵을 팔았고 '아담분식'은 쫄면으로 유명했다. 그러나 두 곳은 이미 사라진 지 오래고, 현재까지도 남아 있는 곳은 '일미분식'이 유일하다. 일미분식의 쫄면 면발도 예전에 비하면 가늘고 부드러워졌고 매운 정도도 이전의 그 무지막지할 정도의 강도는 아니다. 그러나 아주 얇게 썬 양배추의 아삭거림과 그 고추장 양념의 맛은 나의 혀와 머리가 정확하게 기억하는 바로 그 맛 그대로이다. 이제 외지에 나가 살고 있는 동창들이 J읍에 오게 되면 지금도 꼭 '일미분식'에 들러 쫄면과 튀김만두를 먹는다. 아주 가끔은 맛이 예전 같지 않다고 말하는 사람들도 있긴 하지만 십수 년을 이어온 레시피가 바뀌었을 리는 없고 다만 우리의 입맛이 좀 달라지지 않았을까 싶다. 우리는 머리가 기억하는 그 맛 때문에 각자의 기억대로 여전히 그곳에서 쫄면을 즐긴다. 쫄면으로 매운 입을 달래주려면, 잡채가 들어 있는 이 집 튀김만두와 김 가루가 뿌려져 있는 국물까지 세트로 한 번 맛보기를 추천한다.

기자는 쫄면이 본시 '제 모습을 쉬 흩트리지 않고 뜨거운 물 속에'서도 잘 불지도 않으며 끝까지 제 본 모습을 지키는' 올곧은 면, 더 나아가 개항지 사람들의 '끊김 없고 회복력 강한 정신을 상징'한다고 썼다. 아쉽게도 나는 기자가 말한 개항지 쫄면의 '사군자'와 같은 면모는 잘 모르겠다. 그보다 쫄면은, '허클베리 핀'으로서 초등학생 시절을 보냈던 나에게 질풍노도의 진입을 예감하게 하는 징후로 다가왔다. 교복 자율화, 사복 세대로 시작한 우리에겐 잠재적 문제라는 시선이 상존해 있었고, 교복 자율화를 제외한 나머지 학교 규율은 엄격했고, 튀는 복장은 '날라리'로 찍히기 딱 좋은 첫째 조건이었다. 여학생들이 바지만 입고 다니는 게 영 못마땅했는지 일주일에 하루는 '치마 입는 날'을 정해 어거지로 입게 했다. 치마 입기를 너무도 싫어했던 나는 치마를 가방에 넣어 교문에 도달하기 전 대충 갈아입고 바지는 무릎 위까지 접어 올린 후 선도부의 눈을 피해 교실로 들어가곤 했었다. '디스코바지'며 '승마바지'가 유행할 때도 학교에서는 입지 못하게 했었고 '핀컬파마'도 하면 안 됐다. 악성 곱슬머리였던 나는 종종 파마한 것으로 오해받아서 선도부가 내 머리에 물을 묻혀보고는 '내추럴 본' 곱슬이라는 것을 인정한 적도 있었다. 이런 와중에도 소위 '날라리'들은 선생님과 선도부의 눈을 피해 하고 싶은 건 다 하고 다녔던 것 같다. 지금 생각하면 그렇게 너무 '모범적으로' '말 잘 들으면서' 살 필요는 없지 않았나 하는 일종의 '하지 못했던 것'에 대한 아쉬움이 밀려온다.

1984.
컵라면

 내가 '컵라면'을 처음으로 대면한 때는 바야흐로 일구팔사년 겨울이었다. 중학교 1학년이었던 나는 한창 먹성이 좋아서 엄청난 크기의 도시락을 싸서 가지고 다녔고 점심시간이 거의 끝나갈 무렵까지 혼자 밥을 먹곤 했다. 그 덕분인지 1학년 때는 번호가 47번이었는데, 2학년이 되어서는 57번으로 확 밀려났다. 그때 우리는 키 순서대로 번호를 정했는데, 무려 열 명을 제친 거라 친구들도 깜짝 놀랐다. 난 지금까지도 그때의 폭풍 성장의 힘은 '밥'에서 비롯되었다고 굳게 믿고 있다. 하지만 집안 형편이 갑자기 안 좋아져서 도시락을 제대로 싸서 다닐 수 없는 상황이 되었다. 그런데 참 희한한 것은 그때 일을 가족들에게 지금 다시 물어보면 왜 그 정도로 급격히 가세가 기울게 되었는지 제대로 아는 사람이 없다. 그저 돈 버는 사람이 없었고 식구 중에 아픈 사람이 많았었다고 얘기하는데, 어쨌든 당시 우리 집은 총체적 난국에 처해 있었던 것이 분명했다.

어느 날인가 아랫동네에서 구멍가게 하는 할머니가 우리 집엘 왔다. 서울에서 놀러 온 손녀딸에게 삶아 준다며 고구마를 몇 개 사러 온 건데, 우리 할머니는 단 한 톨의 고구마도 팔지를 않았다. 윗목에 놓여 있던 냉장고 박스에 맛있는 고구마가 한가득 들어 있음에도 불구하고 인정 많은 우리 할머니가 그렇게 매정하게 거절했던 이유를 나중에 들을 수 있었다. 할머니는 나중에 '고구마 몇 개를 돈 받고 팔 수도 없고, 또 고구마 한 개가 아쉬운 처지에 그때 고구마라도 없으면 그냥 다 굶어 죽을 것만 같아서' 그렇게 완강하게 거절한 거라고 하셨다. 쌀이 부족해서 도시락은 못 쌌지만, 아무튼 배가 고프면 안 되니까 컵라면 하나를 사서 가방에 넣고 학교에 갔다. 학교 안에는 매점이 없었고 기어코 군것질을 하겠다면 교문 밖으로 탈출을 감행해야만 했다. 하지만 탈출의 대가는 혹독했다. 자기가 산 과자부스러기를 입에 물게 하고는 교실마다 순회하게 하거나, 현장에서 걸려 학생주임으로부터 '쓰레빠'로 뺨 맞는 것을 본 뒤로는 다들 질려서 그만 생각을 접어버렸다.

　가방 안에 컵라면이라도 있으면 점심시간이 괜찮다. 아니 어쩌면 밥보다도 더 맛있다고 생각했다. 워낙 대식구였고 라면이 국수보다 비싸서 예전에 할머니는 으레 국수와 라면을 섞어서 끓였다. 비율이 약 7:3 정도이니 지금 대접에 담긴 게 국수인지 라면인지 분간이 안 갔고, 간혹 꼬불꼬불한 라면 면발이라도 보이면 그렇게 반가울 수가 없었다. 사실 라면 맛은 환상적이다. 점심으로 컵라면을 갖고 가기는 했지만, 뜨거운 물이 문제였다. 겨울이라 교실에 난로가 있어 그 위에 주전자를 올리고 물을 데우면 될 텐데, 지금 돌이켜보니 난로 위 뜨거운 물이 든 주전자가 위험했을 것 같기도 하고 또 팔팔 끓는 물을 넣어야만 면이 잘 익지 않았을까 싶다. 어쨌든 학교 측에서는 컵라면 먹는 학생들을 위해 뜨거운 물은 제공해 주긴 했다. 가사실을 지나 미술실 근처에 있던 작은 공간이었는데 컵라면을 들고 그 앞에 가서 줄을 서면, 창문을 열고 한 학생이 커다란 주전자를 들고 서서 우리가 들고 서 있던 컵라면에 팔팔 끓는 물을 부어주었다. 지금 생각하면 이게 무슨 시스템인지 알 수가 없다. 좀 더 자세히 설명하자면 창문 밖에서 컵라면 들고 팔을 높이 쳐

들면 머리 위치쯤에서 뜨거운 물이 따라지는 것이다. 컵라면에 물을 받아 교실로 돌아오면 면이 거의 다 익어서 먹기는 수월했다.

금방이라도 밭에 나가 고된 노동을 해야 하는 농사꾼처럼 늘 고봉으로 밥을 먹던 내가, 컵라면 하나로 점심을 때우기에는 부족했지만 국물까지 남김없이 마시면 그런대로 허기가 사라졌다. 사실 나중에 도시락을 다시 싸갈 수 있게 되었을 때도 굳이 컵라면을 따로 가져가 국물에 밥을 말아 먹기도 했다. 단언컨대 라면스프의 맛은 인간이 조합해 낸 인공적인 맛 가운데 가장 완벽하다고 말할 수 있다. 융프라우요흐에 올랐을 때 그 어지럼증을 가라앉혀 준 것도 '농심 사발면'의 국물이었고 프랑스 칼레까지 버스를 타고 가 그곳에서 다시 밤새 배를 타고 런던에 도착했을 때 뱃멀미로 느글느글해진 속을 달래준 것도 '안성탕면' 국물이었다.

검은 고양이 네로

"그대는 귀여운 나의 검은 고양이 새빨간 리본이 멋지게 어울려…" 나는 이 노래를 좋아했고 할머니는 '은방울 자매'의 노래를 좋아했다. 큰삼촌 전축에서 은방울 자매의 노래가 흘러나오면 할머니는 멋들어지게 따라 불렀다. 나는 할머니가 노래 부르는 걸 좋아하는지는 잘 몰랐었다. 그래서 노래 부르는 할머니를 볼 때마다 생전 곱고 참하기만 한 줄 알았던 우리 할머니가 이 정도로 풍류를 즐기는가 싶어 낯설었다. 나는 삼촌이 가지고 있는 레코드 중에 특히 '서영춘 백금녀'의 만담과 「검은 고양이 네로」를 좋아해서 맨날 틀어달라고 했다. "인천 앞바다에 사이다가 떴어도 고뿌 없이는 못 마십니다."로 유명했던 서영춘은 대장부 같은 백금녀의 기에 눌려 살살거리는 목소리로 "우리 애인은 올드

미스 서비스가 이만저만 덥지 않으세요. 목욕을 허세요. 아 털어주고 닦어 주고 오! 땡큐. 오오 여러분은 모르십니다. 오오 우리들은 은제나 명콤비. 안녕히 계세요. 들어가요(들어갈래요)."를 애원하듯이 불렀다. 약간 코맹맹이 소리를 하는 서영춘과 발음이 정확하고 허스키하면서도 카랑카랑하며 씩씩한 목소리의 백금녀가 주고받는 만담은 백 번을 들어도 재미났다.

　서영춘인 '미스타 서'와 백금녀인 '미쓰 백'은 석 달 열흘 동안 편지로, 전화로 이야기를 하다가 드디어 만나게 되었는데, 서로의 모습을 보고는 그만 실망하고 만다. "하하 아이 여러분 참 이렇게 오래간만에 또 뵙습니다. 지가 오늘 여러분한테 한 가지 헐 수 있는 말씀이라고 아니 헐 수 없는 처지의 얘기라고 헐 수 있는 얘기는 아니라고 생각하시믄 안 된다고 볼 수 있는 처지의 말씀을 드릴려구 그래요." 서영춘의 말을 듣고 있으면 같이 리듬을 타게 되면서 숨이 꼴딱 넘어갈 듯 넘어가는 언어유희에 빠져들게 된다. 또 서영춘과 백금녀의 말에는 '허세요' '은제나' '헐 수 있는' 등 특유의 서울 사투리가 섞여 있었는데 나는 그런 말이 낯설고 재미있어서 따라 하곤 했다.

우리 외갓집 식구들은 만담이나 노래도 즐겨 들었지만 그보다 다들 노래 한가락씩 하는 것을 즐겼다. 그래서인지 아무리 돈이 없고 먹을 게 없어도 커다란 전축이 언제나 한 자리를 차지하고 있었다. '밤 깊은 마포 종점'(「마포종점」)이 끝나면 '물새 우~는 고오요한 강 언덕에~'(「물새 우는 강 언덕」)이 이어지고, 식구들이 천축 앞에 앉아서 저마다 듣고 싶은 노래를 들으면서 따라 부르고 할 때, 나는 언제나 「검은 고양이 네로」아니면, '서영춘 백금녀의 만담'을 신청했다. 검은 고양이 네로가 들어 있는 노란색 바탕의 앨범 자켓에는 원피스와 예쁜 구두를 신은 여자애가 있었는데, 난 노래도 좋았지만 이 여자애가 신고 있던 신발이 너무 예뻐서 나는 언제쯤이면 이런 신발을 갖게 될 수 있을까? 상상해 보았다. 당시 텔레비전에서는 탭댄스 공연을 가끔 보여주곤 했는데, 나는 그때도 춤보다는 '차가자가 착착' 바닥에 쇠 굽 부딪히는 소리가 듣기 좋아서 엄마에게 탭댄스 신발을 사달라고 했었다. 물론 나는 춤추는 건 질색이어서 그걸 신고 춤을 추고 싶은 것은 아니었고, 평소에 신고 다닐 생각으로 사달라고 했던 것이다.

전축 앞에 둘러앉아 옛날 노래나 만담을 듣고 있으면, 누가 먼저랄 것도 없이 할아버지가 벌였던 1965년도의 '스피카 사업'에 얽힌 이야기를 꺼냈다. 이 이야기는 사실 할아버지의 뼈아픈 사업 실패담인데, 서울에서 텔레비전 기술을 배워 온 고종사촌의 조언에 따라 J읍에서 가까운 '화죽'이라는 곳에서 이 사업을 했다고 한다. 집 집마다 '스피카'를 하나씩 달아주고 선을 연결한 뒤에, 중앙 스테이션에서 라디오를 틀면 각 가정으로 노래면 노래, 연속극이면 연속극이 송출되는 시스템이다. 사용료는 보리 추수할 때는 보리, 쌀 나올 때는 쌀로 일 년에 2회를 받기로 하고 '스피카'를 설치해 주었는데, 중간에 선이 끊어져서 못 들었느니 어쩌니 하면서 동네 사람들이 사용료를 제때 주지 않았다고 한다. 또 노상 선이 끊어지고 잘라먹고 해서 즉, 시스템의 불안정으로 얼마 못 가서 사업을 접게 되었다는 것이다. 사업은 실패했지만, 할아버지의 실험적 사업 정신은 의미가 있다고 생각된다.

라디오

　초저녁, 라디오에서 노래가 흘러나온다. 나무가 짜작짜작 타들어가는 소리가 들리고 연기도 꾸역꾸역 난다. 장작더미 사이로 고구마나 감자를 던져 놓고 밥이 다 되기 전까지의 막간에 일단 허기를 달랜다. 나무가 거의 다 타고 불씨가 남은 재 위에 말린 동부콩을 구워 먹어도 맛있고 할머니가 콩가루를 섞어 반죽해서 넓게 밀어 칼로 끊어지지 않게 삭삭 썰고 난 후, 끝에 남은 칼국수 꼬랭이를 구우면 화덕피자의 어떤 도우보다 더 훌륭한 맛이 난다. 석양의 붉은 빛을 뒤로하고 나무가 타 들어가는 불빛을 넋 놓고 쳐다보고 있는 게 좋았다. 초저녁 밖은 지는 해의 서글픔과 바람 냄새 그리고 연기 냄새가 뒤섞여, 낮 동안 실컷 놀다가도 문득 낯선 시공간이 되어 버린 것만 같다. 그런 낯섦은 출타했던 식구들이 돌아오고 저녁 준비를 하는 등의 조촐한 분주함으로 이내 가셔버리긴 하지만 말이다. 그러나 이러한 일상들이 모두의 '안녕'으로 이루어지는 것임을 곧 깨닫게 되는 계기가 있었다.

할머니는 새벽같이 밥을 해서 드시고 삼밭에 일을 하러 갔다. 한참 일을 하는 중에 삼밭을 덮는 큰 가마니가 머리 위에 떨어져 할머니는 목뼈를 다치게 되었고, 거의 누워서 지내거나 걸어 다닐 때는 목에 깁스를 할 수밖에 없었다. 거동이 불편한 할머니를 위해 큰맘 먹고 장만한 '산요' 카세트 라디오가 언제나 그 곁에 있었다. 할머니는 소리 한 자락 하는 것을 좋아하는 활동적인 사람이었고 글도 잘 알고 지리적 감각이 탁월한 사람이었다. 일제 식민지 시기에 학교에서 일본어를 배우는데 잘 외워지지 않아서 노래로 만들어 "호박밭에 호박이 떨어졌나 '가보자 가보자'" 그렇게 외웠다고 하셨다. 또 소싯적엔 마을마다 다니면서 비단 장사도 했었는데 다른 비단 장수와 같이 마을에 들어가면 할머니만 비단을 홀랑 다 팔고 나왔다고 자랑을 했다. 할머니는 당신의 장사수완이 얼마나 좋았는지 무용담을 펼쳐 놓으면서도 '평생 남의 것은 콩 한 쪽도 그냥 먹으면 안 된다'

며 한 일화를 이야기해 주었는데, 비단 장사 다닐 때 너무 목이 말라 마을 초입에 있는 오이밭에서 눈치를 보다가 아무도 없어서 부리나케 오이 하나를 따서 먹고 마을로 들어갔다고 한다. 그런데 동네 조무래기들이 할머니 옆을 지나가면서 "어디서 오이 냄새 나지?" 하더라는 거다. 할머니는 가슴이 철렁 내려앉아서 그 이후론 아무리 작은 거라도 남의 것에는 절대 손도 대지 않았다고 하신다.

활동적이고 부지런했던 할머니가 누워만 있으니 얼마나 답답했겠는가! 할머니가 가장 좋아했던 라디오 프로그램인 〈안녕하세요. 황인용 강부자입니다〉는 아파서 아무것도 할 수 없었던 긴 세월을 견딜 수 있게 했다. 병원 여기저기를 아무리 가봐도 낫지를 않더니 춘천 어디에 물리치료로 용하다는 곳에 가서 이모가 모시고 몇달 간 요양을 하고 돌아왔는데, 기적처럼 목디스크가 나았다.

초등학생 때는 워낙 텔레비전 사랑이 지극했기 때문에 라디오에는 별로 관심이 없었고 할머니가 듣고 있을 때 곁듣는 정도였다. 초저녁이 되면 방송되던 어린이 프로가 있었고 '논두렁 밭두렁'이라는 가수의 「다락방」이라는 노래가 자주 흘러나왔다. 또 6학년 때였던가? 서울에 사는 친척 집에 놀러 갔는데 그 집엔 라디오만 있고 텔레비전은 없었다. 무척 심심해서 아침부터 라디오를 들었는데 아침마다 라디오에서 방송되던 드라마가 꽤 재미있어서 그곳에 있는 동안 아주 열심히 들었다. '갑자년에 시집온 쥐띠 며느리, 온 동네 자자하게 소문이 났네. 쥐 앞에 고양이도 싱글 벙글… 쥐띠 며느리' 다른 건 모두 잊었는데, 그 드라마의 주제가는 지금 당장 불러보라고 해도 부를 수 있을 정도로 생생하다.

중학생이 되면서 조금씩 라디오를 듣다가 고등학교 다닐 때 친한 친구로부터 빨간색 소형 라디오를 선물 받은 후부터는 라디오에 푹 빠져 버렸다. 다들 잘 아는 이종환 그리고 이문세의 '별밤'(〈별이 빛나는 밤에〉) 그리고 성시완이 진행하던 〈음악이 흐르는 밤에〉였던가? 이 프로에서는 방송에서는 생전 듣지도 못한 매력적인 노래들이 흘러나왔다. 늘 라디오를 켜 놓고 자기 일쑤여서 비몽사몽간에 들었던 노래들을 아침이면 떠올려 보려고 무던히 애를 썼던 기억이 있다. 야심한 밤에 꿈결처럼 들렸던 노래는 사람의 마음을 요상하게 후벼 파는 경향이 있다. 엘튼 존의 「Tonight」과 잭슨 브라운의 「The Load out and Stay」가 바로 그런 노래들이다.

세운상가 옆 골목, 한 평 남짓한 전파사에서 빨간색 라디오를 사서 준 친구는 나와는 음악적 취향이 좀 다른 클래식 마니아였다. 친구는 93.1 클래식 FM 라디오 애청자여서 엽서도 보내고 초대권도 선물로 받곤 해서 나를 음악회에 데려가기도 했다. 그때 친구와 함께 갔던 공연이 바이올리니스트 김남윤씨의 공연이었고 앞자리에서 꼬맹이들이 좀 어수선하게 했던 것 같다. 나는 클래식에는 완전 문외한이었지만 그 친구 덕분에 예프게니 키신, 정경화, 이자크 펄만, 미도리, 캐슬린 베틀을 알게 되었고 또 가끔 대학로에 있던 '인켈 아트홀'에도 나를 데려갔다. 그곳에서는 실제로 연주가들이 공연을 한 것은 아니었고 스크린으로 연주를 보거나 영화를 볼 수 있었다. 이 무지치(I Musici)의 비발디의「사계」연주와 뮤지컬영화 〈Singing in the rain〉 그리고 채플린의 〈Modern times〉를 보았고 아마도 코믹 오케스트라였을까(?), 지휘자는 베토벤(Beethoven)의 이름을 의도적으로 영어 발음인 '비쓰 호번'이라고 해서 청중들의 웃음을 유발했다.

　공간이 달라지니 경험하는 것들도 따라서 변하기 시작했다. 시골의 초저녁과 석양 그리고 바람과 연기 냄새를 감각적으로 경험하는 것에서, 세련되게 가공된 문화들을 경험하고 그것을 내적으로 구성해가는 일련의 연습은 자신만의 취향을 생성시킬 수 있게 한다. 자신의 취향이 어떠한지 탐색할 수 있는 시간이 그 시절 나에게 주어져서 좋았고 나를 다른 세계로 안내해 주고 즐거움을 함께 나누었던 친구가 곁에 있었다는 사실이 축복이다.

1984.
내 나이키

 우린 교복 따위는 입지 않았다. 교복 자율화 세대! 그래서 그런지 시골 읍내 중학교에 다닐지언정 우린 메이커에 민감했다. 중학교에 입학하기 전부터 우리들 사이에서는 이미 메이커 바람이 불었고 기차표, 말표 신발에서 르까프, 프로스펙스, 나이키로 옮겨가고 있었다. 십대들을 겨냥한 상품에 붙는 '쥬니어', '틴에이져'라는 용어에 익숙해졌고, 나는 양쪽 어깨에 메는 초등학생용 책가방은 내던지고 한쪽 어깨에 멋들어지게 걸치는 주니어 학생용 책가방을 사느라 반나절 동안 온 청주 시내를 돌아다녔다. 왜냐하면 '나만의 개성'을 충분히 존중해 주어야 했으니까 말이다.

 중학생이 된다는 것은 우리의 생활에 많은 변화가 뒤따른다는 것을 의미했다. 과목마다 가르치는 선생님이 달라지고 영어를 배우게 되며 볼펜을 쓸 수 있다는 것이다. 또한 J읍 같은 경우에는 여자중학교가 하나만 있어서 원근 각처의 초등학교에 다녔던 여자애들이 모두 한곳으로 모인다는 것이다. 6년 동안 알고 지내던 친구들이 아니라 전혀 생판 몰랐던 아이들과도 잘 지내야 했으니 그것에 대한 부담도 있었을 것이다. 이렇게 많은 것들이 변화되는 주니어 시대로의 진입을 함께 할 나의 첫 책가방 선택은 신중할 수밖에 없었다. 청주백화점에서 분홍색 '푸마' 학생용 가방을 사면서 앞으로의 중학생 생활을 잘해 나갈 것을 다짐했다. 물론 생각처럼 잘 되지는 않았지만 말이다. 그 푸마 책가방은 천이 아니라 부들부들하고 탄력이 있는 고무 느낌의 재질이었고 분홍색이라 때가 잘 타는 경향이 있었지만 지우개로 지우거나 물걸레로 닦으면 금세 깨끗해졌다. 그때 책가방을 사기 위해 청주 시내를 헤매고 다녔던 사람은 나뿐만이 아니었다. 입학하는 날 보니 내가 청주 시내에서 보긴 했지만 선택하지 않은 '죠다쉬' 가방을 꽤 여러 명이 들고 있었다.

'내 나이키'에 대한 갈망도 이때 즈음에 커졌던 것 같다. 아이보리색이나 흰색 가죽 바탕에 빨간색 나이키 로고가 있는 스니커즈는 핫한 아이템이었다. 언니들이 있는 아이들은 가끔 그 신발을 신고 학교에 오기도 했었고 또 가게 주인은 정품이라고 했지만, 나이키 매장이 아닌 곳에서 그 신발을 팔기도 했다. 나도 어서 나이키를 신고서 '내 나이키' 대열에 끼고 싶었다. 맨날 나이키 노래를 부르다가 드디어 어느 날 나이키 운동화를 사러 갔다. 예전에는 청주 고속 터미널이 시내에 있었는데 터미널 맞은편에서 수예품이나 털실을 팔던 '수아사' 쪽으로 내려가다 보면 바로 '나이키 매장'이 있었다. 그 흰색의 가죽 나이키는 내가 들고 간 돈으로는 어림도 없었고, 차선책으로 옅은 파랑과 하늘색이 조화를 이룬 천으로 된 '나이키 런닝화'를 사서 집으로 돌아왔다. 그 이후 한동안 발만 쳐다보면서 걸었다.

중학교 반 배치고사를 치르고 그날 애국가를 4절까지 써서 제출했다. '새 나라의 어린이'로 자란 우리들은 '애국심' 테스트도 무사통과했다. 초등학생에서 틴에이저로의 변모는 학교생활뿐만 아니라 일상생활에서도 많은 변화를 가져왔고, 특히 교복을 입지 않는 것에 대한 우려의 목소리가 높았다. '자유롭고 간편한 복장을 할 수 있도록 하고 개성과 다양성을 존중하고 책임 의식을 기르는 등'의 이유로 83년부터 실시한 '교복 자율화'는 '사복을 입음으로써 유해 환경에의 노출로 인한 탈선 증가, 교외지도의 어려움'(위키백과 인용)으로 여러 문제에 봉착하게 되었다. 그래서 텔레비전에서는 연일 '무관심, 대화 없는 가정'으로 시작하여 '자녀에게 관심을'이라는 묵직한 내레이션으로 끝나는 공익광고가 방영되었다. 광고에는 배낭을 둘러멘 슬픈 표정의 청소년이 '대화 없는 가정'을 뛰쳐나와 어디론가 떠나기 위해 기차 플랫폼에 서 있다. 꽈아아앙 하는 기차의 굉음 소리가 나고 시청자들은 그 청소년이 기차에 올라탔을 것이라고 기대했지만 기차는 떠나고 그 남자애가 플랫폼에 쓸쓸하게 서 있는 장면으로 공익광고(1985)는 끝났다.

게다가 〈추적 60분〉같은 프로그램에서는 '본드를 흡입하는' 청소년들의 탈선을 집중적으로 보도하며 '요즘 애들의 문제적 상황'을 특집으로 다루기도 했다. 그래서 그랬는지 모르겠지만, 나 스스로도 이제 '문제적 세대'로 진입했다고 인식하고, 또 사회에서도 청소년들을 '잠재적 문제아'로 낙인찍는 분위기가 있었다. 그래서 학교에서는 더 강한 교칙들이 만들어졌고, 선생님들의 폭력적 체벌도 빈번했다. 하지만 확실히 사복은 우리에게 초등학생 때의 발랄함 같은, 어떤 감각을 유지할 수 있게 해 주었다. 사복 착용은 규정된 것들을 흩어버리고 그 속에서 우리끼리의 재미를 유발하는 행동들을 가능하게 했는데, 결국 일이 터졌다. 어느 무더운 여름날, 교실의 스피커에서 '3학년들은 모두 운동장으로 모여'라는 방송이 나왔다. 우리 학교는 읍 단위에 있는 여자중학교 규모치고는 학생 수가 꽤 많았는데, 2차 베이비붐 세대인 우리들은 한 반에 60명이 넘었고, 각 학년은 8반까지 있어서 전교생이 약 1500명 남짓일 정도로 복작거렸다. 우리보다 훨씬 더 윗세대들은 오전 오후반을 나눠서 수업할 정도로 학생들이 많았다고도 하는데, 우리는 그 정도는 아니었지만 어쨌든 교실이 꽉 차서, 자리에 앉으면 의자가 바로 뒤 벽면에 닿을 정도였다. 우리들은 방송의 지시대로 운동장에 모였고, 3학년 담당 선생님들께서는 모두 침통한 얼굴을 하고 계셨으며 한참 동안 아무 말씀도 없었다. 침묵이 그렇게 무거운 줄은 그때 알았다. 학년주임은 "우리는 너희들을 믿었는데… 모월 모일 주말에 학교에 왔었던 놈들 나와" 나직하게 읊조리듯이 말하는 선생님의 목소리는 '이제는 되돌릴 수 없는 지경에 우리가 당도해 있음'을 의미하는 것만 같았다.

    땡볕 때문에 한낮의 운동장은 불구덩이 같았다. 다시 침묵이 흐르고, "셋 셀 동안 안 나오면 너희 오늘 하루 종일 이러고 있을 줄 알아" 우리들 대부분은 영문을 몰랐지만, 왜 땡볕에 나와 이 고생을 하는지 몇몇 아이들은 그 이유를 알고 있었을 것이다. "무릎 꿇고 손 위로 올려" 선생님께서는 애써 침착한 목소리로 말씀하셨지만 부들거리는 떨림은 감춰지지 않았다. 까슬까슬한 운동장 모래가 무릎에 박혀서 아팠고 햇볕에 달구어진 볼은 홀랑 빨갛게 익었으며 머리 위로 올린 팔은 저렸다. 다시 이전보다 훨씬 더 무거운 침묵이 흐르고 더위에 지친 우리는 머리가 멍해지면서(아마도 열사병 증상이었을지도) 암스트롱이 내디뎠던 우주, 꼭 진공상태에 있는 것 같은 기분이 들었다. 사방이 트인 밖이었지만 적막할 정도로 고요했다. 바로 그때, 한 줄기 청량한 바람이 우리들의 머리카락을 흩날리며 이마의 땀과 벌겋게 익은 볼의 열을 식혀줬다. 찰나의 바람이 축복처럼 우리에게 왔다. 순간 그 '찰나의 시원함'에 대한 기쁨을 못 이기고 저절로 저 심장 깊은 곳에서 '아~~ th시원해("띠원해"로 들리도록 발음)'가 누군가의 입에서 울려 퍼졌다. 뒤이어 여기저기서 킥킥거리며 웃는 소리가 들렸고 끝내 '주말의 그놈들' 또한 제 발로 나서지 않았고 우리를 더 이렇게 두었다가는 열사

병에 쓰러져 문제가 커질 거라고 판단했던 선생님들은 우리를 그만 교실로 돌아가라고 했다.

　우리는 나중에 이 사건의 전말에 대해서 들을 수 있었다. 주말을 지나고 선생님들께서 출근해서 교무실에 와보니 슬리퍼와 방석이 사라졌고 이에 선생님들께서는 제자들이 갸륵한 마음에 자신들을 위해 방석 커버와 슬리퍼를 깨끗이 세탁해 주려나 보다 생각했었다는 것이다. 그러나 1주일이 지나고 2주일이 지나도 자신의 물건들은 돌아올 기미가 없고 그러다 우연히 다른 동료 선생님 자리에 갔다가 그곳에서 자신의 방석과 슬리퍼를 발견하게 됐다고 한다. 당시 선생님들의 방석과 실내화는 비슷비슷한 색상과 디자인이었지만 어쨌든 자신의 것은 본인들이 알고 있었을 것이다. 담임선생님들만 해도 24명(3×8)이고 교감, 비담임 모두 합하면 적어도 40~50명은 족히 되었을 텐데, 남녀 구분을 한다 해도 교무실에서 한바탕 야단법석이 나고서야 그 물건들이 제자리로 돌아갈 수 있었다고 한다. 선생님들은 배신감에 떨었고 그래서 주모자들을 색출하고자 운동장에 모이게 한 것이었다. 해프닝으로 끝나는 듯했지만, 어떻게 찾아냈는지 선생님들은 그 일을 벌인 아이들을 결국엔 밝혀냈고, 가담자 중에 한 사람이 우리 반에 있었는데 담임은 걔를 졸업할 때까지 괴롭혔다. 나는 막연하게 이런 해프닝도 이제 끝이 겠거니 하는 생각이 들면서 왠지 모를 나이 들어감에 대해 약간의 불안과 두려움을 느꼈다.

이모의
다락방

 할머니의 작은 라디오에서 노래가 흘러나온다. '우리 집에 제일 높은 곳 조그만 다락방, 넓고 큰 방도 있지만 난 그곳이 좋아요.' 우리 집엔 다락방이 두 개 있었다. 안방에 붙어 있는 다락방에는 온갖 잡동사니들을 모아 두었고, 다른 한 곳은 별도로 다락방을 만든 거라서 독립적인 공간으로 사용할 수 있었다. 다락방은 천장이 높아 160센티 정도 되는 어른은 서 있을 수도 있었다. 워낙 식구들도 많았고 각자 자신의 방을 하나씩 차지할 정도는 안 됐기 때문에 이모는 그 다락방을 자신의 공간으로 만들었다. 그러나 여름엔 이루 말할 수 없이 덥고, 겨울에는 완전 냉골이어서 일 년 중 겨우 몇 달 동안만 그곳에서 지냈다.

 너무 더웠던 어느 여름날 저녁에 이모와 나는 큰 대접에 얼린 얼음으로 뜨끈해진 다락방의 바닥을 마구 문질러댔다. 사실 아무리 그렇게 해봐야 시원해지기 만무한데도, 그렇게 하면 어쩐지 바닥이 차가워질 것으로 생각했던 모양이다. 두 군데 다락방은 모두 나의 아지트였는데 오래된 물건들이 쌓여 있던 그곳에서는 항상 케케묵은 냄새가 났다. 이 집으로 이사 오기 전에는 오래된 한옥에서 살았는데 그 집에는 곡물이나 농기구 같은 것을 보관하는 광이 있었다. 그 광에서 나는 '오래된 것들'의 냄새 또한 퀴퀴했는데 이상하게도 그 냄새는 심신을 안정시키는 효과가 있었던 것 같다. '케케묵은 냄새'를 만끽하면서 '북유럽 동화집'이나 '남유럽 동화집' 그리고 지난 호의 소년잡지들을 읽고 있으면 시간이 어떻게 흘러가는지 알 수가 없었다. 안방 다락방에는 물건이 중구난방으로 쌓여 있었다면 이모의 다락방은 그야말로 신세계였다. 작은 전축이 있고 그 주변 벽에는 외국 가수들의 사진들이 붙어 있었으며 구석에는 월간 팝송 잡지가 쌓여 있었다. 잡지 안에 있던 셔츠 단추를 풀어헤친 금발의 레이프 가렛(Leif Garrett, 1961~)의 브로마이드를 보면서 왜 이 사람이 인기 있는지 무척 의아했다.

나는 가끔 다락방에서 이모랑 같이 잤는데 낮에 노느라

피곤에 지친 나에게 이모는 자신이 읽은 소설 〈으제니 그랑데, Eugenie Grandet〉를 무척 자세하게 묘사하면서 이야기해 주었다. 나는 비몽사몽간에 그 이야기를 들으며 가끔은 알아듣는 척 '응응' 대답하곤 했다. 또 어디서 난 건지 이모는 빨간색 공단으로 된 하트 모양 상자에 들어 있는 위스키 봉봉 초콜릿도 하나 주었는데 사실 초콜릿보다도 그 하트모양의 상자에 더 관심이 갔었다. 어쨌든 술은 시골 아이들에게 그렇게 낯선 것은 아니었다. 할머니는 가끔 막걸리를 뜨듯하게 데워 흑설탕을 타서 주었는데, 특히 배고플 때 먹으면 위벽을 타고 내려가는 뜨끈한 기운이 온몸으로 확 퍼졌다. 또 집에는 과일 담금주도 항상 있었는데 밖에서 한참 뛰어놀다 집에 들어와 먹을 것을 찾다 정 못 찾으면 담금주 안에 들어있는 과일을 집어 먹기도 했다. 알코올에 절어 있는 과일을 먹었으니 그 이후의 일이 기억나는 게 이상한 거다.

이모는 어쩌면 나에게 신문명의 세계로 가는 수많은 통로 중 하나였을지도 모르겠다. 리오 세이어의 노래「More Than I Can Say」를 한글 발음으로 적어주고 조카를 맹연습시키기도 했었다. '워우 워우 예에 예헤에 아이 러브 유 모어덴 아이 캔 쎄이' '아이 러브 유 트와이쎄쓰 머취 투-머로~ 오오오오 아이 러브 유 모어덴 아이 캔 쎄이' ABC 한 글자도 몰랐던 나는 마침내 이 노래를 다 외웠고 소풍 가서 장기자랑 시간에 친구들 앞에서 뻐기며 불러제꼈다. 이모 다락방에 있는 전축으로 몰래몰래 LP판을 듣기도 했었는데, 그때 이모가 가지고 있는 대부분의 레코드는 '빽판'(불법복제판)이었고, 나는 특히 부스스한 곱슬머리를 한 남자와 콧수염이 있고 빵모자를 쓴 또 다른 한 남자가 그려진 앨범을 좋아했다. 그들은 바로 사이먼 앤 가펑클, 그때 여든이 훨씬 넘은 증조할머니는 개구쟁이에다가 노는 것도 너무나 짓궂었던 나와 동생을 지팡이를 짚고 쫓아다니면서 야단을 쳤다.

우리를 따라다니면서 야단치는 증조할머니가 미워서 가끔 놀러 오시던 증조할머니의 친구분과 짝을 맞춰 '사이먼과 가펑클'이란 별명을 붙였다. 그러고는 증조할머니가 호통을 치거나 할 때면 별명을 아주 작게 중얼거리면서 킥킥거렸다. 소심한 복수라고나 할까. 이모 다락방에 있던 LP판 커버에 웃기게 생긴 두 남자, 사이먼과 가펑클의 부스스한 머리가 우리 할머니들의 헤어스타일과 비슷하기도 했고 또 '가펑클'이라는 발음이 어쩐지 우스꽝스러워서 누군가를 놀리기에는 제격이라고 생각했던 것 같다. 신비롭고 쓸쓸한 아름다운 목소리의 주인공 이름을 호통치는 목소리가 전문인 증조할머니의 별명으로 했으니 괜스레 사이먼 앤 가펑클에게 미안해진다.

이모는 처음엔 바늘 고장 낸다며 전축에 손도 못 대게 했었다. 하지만 이모가 없을 때 이미 몰래몰래 듣고 있어서 어떻게 작동하는 건지 다 알고 있었고 이모가 마음을 바꿔 전축 작동 방법을 알려줄 때는 모르는 척하며 듣고 있었다. 그때의 이모가 가지고 있던 레코드들을 잠시 떠올려 봤다. Black Sabbath, ELO, Smokie, Pink Floyd, Queen, The Beatles, Kiss, Blondie 물론 Simon & Garfunkel과 Leo Sayer, Rod Stewart, John Denver, Steve Miller Band, 윤형주 그리고 앨범 재킷에 하얀색 바탕에 파란색 페 이 르 기어가는 아가 그림이 있었던 Aphrodite's Child, Bee Gees, Eagles, King Crimson, ABBA, Boney M, John Travolta Olivia Newton-John 도너츠판인 루루의 '언제나 마음은 태양'까지 생각나는 대로 나열하고 보니 우리 이모는 딱히 어떤 음악적 취향이 확고하게 있었던 건 아닌 듯싶다. 취향의 스펙트럼이 넓다는 얘기다.

어릴 땐, 세상은 남녀로 구분되어 있고 그렇게만 존재하는 것으로 알고 있었으니까 남자인지 여자인지 명확하지 않은 존재는 낯설고 이상했다. 그렇게 이모의 다락방에서 밴드 '컬처클럽'의 보이 조지(Boy George)와 대면하게 되었고 마음속에서 일어나는 감정의 정체를 종잡을 수가 없었다. 미지의 존재에 매혹되는, 영문을 알 수 없는 복잡한 감정들이 밀려오는 것이 두렵기까지 했다. 하지만 나의 이 신세계로의 진입로 같은 다락방 생활에서의 즐거움도 하나의 비극적 사건으로 막을 내리게 되었다.

'세네카의 데스마스크.' 이모의 울음소리가 불란서 양옥집을 뒤흔들었다. 그 울음은 억울하고 분하고 곧 미치기 일보 직전의 감정을 표출하는 것만 같았다. 안방 고쿠락(아궁이) 앞에서 불을 때고 있던 외할머니에게 이모는 통곡하듯 흐느끼며 소리를 질렀다. 외할머니는 그런 이모에게 크게 반응하지 않고 불만 때고 계셨다. 활활 타고 있는 장작의 불빛이 외할머니의 얼굴을 붉게 비추었다. 석고로 된 세네카의 데스마스크를 가차 없이 빠개 버린 당사자는 여든이 벌써 넘어 아흔에 가까운 증조할머니였다. 증조할머니는 우리만 쫓아다니셨던 게 아니라 이모의 다락방에도 수시로

드나들며 온갖 참견을 했었다. 어느 날 다락방에 올라오셨다가 무언가 새까만 비로드 천으로 덮여 있는 것을 발견했고 그 천을 들쳤을 때 고만 세네카의 석고 데스마스크와 마주하고야 만 것이었다. 증조할머니는 기함할 듯이 놀라 바로 그 석고상을 들고 내려와서 사정없이 마당에 내던져 버렸다. 젊을 때 금강산까지 장사를 다니셨고 산전수전 다 겪었던 증조할머니는 무슨 끔찍한 생각이 들었길래 세네카의 데스마스크를 산산조각 내버리셨을까? 먼저 저세상으로 떠나보낸 나의 외할아버지, 하나밖에 없던 아들을 떠올리게 했을지도 모르겠다. 이모는 그 후 다락방 문을 자물쇠로 꼭꼭 잠가놓고 다녔다.

어느날 친구가 놀러 왔다. 소꿉장난은 언제나 재미있었다. 뒷마당에서 친구와 나는 풀을 뜯어다가 김치를 담근다며 빨간색 벽돌을 빻아 고춧가루를 만들었다. 이 흙으로 고추장이랑 된장도 만들면서 놀고 있었는데, 친구는 어디서 주워 왔는지 '하얀 석고조각'을 들고 와서 '미원'이라 치자고 하면서, 스삭스삭 열심히 칼로 석고조각을 갈아서 '미원'을 만들었다. 그러고는 내가 만든 김치에 쏟아부었다. 그걸 보는데 갑자기 속이 상해서 친구가 미워졌다.

공연의 메카에서
레슬링 시합과 고춘자
장소팔의 만담

 장에 소 팔러 가다가 낳았다고 해서 이름이 '장소팔'이 되었다는 장소팔과 그의 짝꿍 고춘자의 만담 공연이 제일 극장에서 열린다는 포스터가 곳곳에 붙었다. 텔레비전에서 아주 가끔 두 사람의 만담을 본 적은 있었는데, 만담 내용도 그렇고 '장소팔 고춘자'씨보다는 듀란듀란Duran Duran이나 아하A Ha 그리고 조용필, 이선희 같은 가수들에게 훨씬 더 정신이 팔려있었던 때라 우리의 관심과는 거리가 있는 만담 공연을 보러 갈 생각은 애초부터 하지 않았다. 그런데 어떻게 된 일인지 선생님들의 인솔하에 우리는 단체로 만담 공연을 보러 가게 되었다. 일 년 열두 달을 지내봐야 텔레비전에 나오는 사람이라고는 아예 만나 볼 수도 없는 곳에서 '장소팔과 고춘자'의 얼굴을 직접 보게 된다는 것은 그래도 신기한 경험이라고 할 수 있다. 왜냐하면 '만담'이라는 장르 자체가 우리들의 관심 밖에 있었다는 것이지 텔레비전에 종종 출연하는 만담의 대명사와도 같은 '장소팔 고춘자'를 직접 본다는 것은 나름 시골에서는 이벤트였던 것이다. 하지만 그 두 사람이 와서 공연을 했었다는 것과 우리가 단체관람을 했다는 것 말고는 이 이벤트에 관한 아무런 기억이 없다.

지금도 주변 사람들에게 이 작은 읍에 꽤 규모가 있는 극장이 두 개나 있었다고 말하면 다들 놀란다. 그래서 과거에는 극장에서 영화만 상영했었던 것이 아니라 김지미 최무룡과 같은 유명한 영화배우들이 온 적도 있고, "똑·똑·똑 구두 소리"로 시작하는 노래, 「빨간 구두 아가씨」의 남일해와 박재란 같은 가수들도 와서 공연을 했다고 한다. 엄마는 그 당시 남일해씨와 함께 사진을 찍었는데, 이 사진을 잃어버린 것에 대해 지금도 몹시 아쉬워한다. 엄마의 기억에 의하면 대전에서 흥행사들이 와서 하얀 말을 타고 돌아다니면서 서커스공연을 선전했다고도 하는데 나는 그보다 훨씬 나중에 J읍의 오일장에서 '목 없는 미녀'가 출연한다는 포스터를 본 적은 있다. '목 없는 미녀'라니!! 마술쇼의 하나

일 거라고 짐작은 되지만 저 때 구경을 못 한 게 한이다.

극장의 공연, 서커스뿐만 아니라 J읍에서는 레슬링 경기도 열렸었다. 경기 홍보를 위해 선수들은 지붕이 없는 큰 차에 올라타고는 읍내에서 제일 큰 도로는 물론이고 여기저기를 순회했고 나와 친구들은 그 차를 쫓아다니면서 구경했다. 레슬링이라고는 TV에서 본 게 다이고 스포츠를 좋아하지도 않았지만, 박치기왕 김일 선수가 일본 선수의 반칙으로 피를 흘리며 괴로워하는 것을 본 후로는 운명처럼 '레슬링'을 받아들이게 되었다. 아무튼 김일과 이왕표가 나오는 레슬링 시합은 읍민들의 엄청난 호응을 받았고 아이들은 왠지 흥청대는 분위기에 압도되어 그 무개차를 따라다녔다. 나는 그때 관람료 때문이었는지 레슬링을 직접 보러 가지는 못했는데 혹시 친구 중에 이때의 기억이 있는지 물어보니 여태 내가 물어봤던 다른 기억은 거의 안 난다고 하던 친구가 어떻게 된 영문인지 레슬링에 관한 기억만큼은 사진처럼 아주 생생하다며 신나서 얘기해 주었다.

링은 초등학교 운동장에 설치됐고 친구는 남동생이 본 경기 전에 태권도 시범을 보인다고 해서 아빠랑 같이 레슬링을 보러 갔었다고 한다. 후문에서 레슬러들이 입장하는데 가슴이 미친 듯이 쿵쾅거리며 뛰었고 재미보다는 '두려움과 공포'에 휩싸여서 레슬러들이 신었던 신발조차도 무서웠다고 한다. 김일과 이왕표 그리고 여자 레슬러들이 관중 쪽을 바라보면서 소리를 지를 때면 심장이 내려앉는 것만 같았고 관중들이 구경하면서 환호하는 소리도 무서웠고 무엇보다도 배 나온 남자들이 팬티만 입고 레슬링 부츠를 신은 모습은 어린 자신에겐 충격 그 자체였다는 것이다. 무엇에든 자신만만하고 대범한 친구가 82년도의 레슬링 경기 관람 경험을 '공포'로 기억하고 있는 것이 좀 의외였다. 친구와 얘기 끝에 자기 남편도 그 태권도 시범경기단에 있었다는 새로운 사실을 알게 되었다며 아무런 존재감 없는 '소년'이 자신의 '미래 남편이 될지 전혀 몰랐다'며 파안대소한다. 한 10년이 지난 '92년도에 J읍 실내 체육관에서 다시 레슬링 대회가 열렸었다고 한다.

해외 펜팔

 80년대 학생 잡지 중간에 해외 펜팔 광고란이 있었다. 외국이라고는 가본 적도 없고 또 앞으로도 갈 기회가 있을까 싶었다. 그래서 나라 밖 세상에 대해 환상을 가졌는지도 모르겠고 해외 펜팔 친구가 있었으면 하는 바람도 컸던 것 같다. 잡지에 적혀 있는 주소지로 직접 방문하면 어쨌든 '선택권'이 있다고 하니 고민을 하다가 사무실로 친구와 함께 찾아갔다. 사무실은 서울 중앙우체국 맞은편의 신세계 백화점 근처에서 약간 남대문시장 쪽으로 가는 길에 위치한 조금은 낡은 건물에 있었다. 선뜻 들어가기가 조금은 꺼려지는 외관의 빌딩이었는데 나는 속으로 '이런 곳에 있구나, 사무실이...'라고 생각했다. 계단이 나무 계단이었는데 밟을 때마다 삐그덕 소리가 났다. 계단 끝에는 윗부분만 불투명한 유리로 되어 있는 문이 있었고 그곳에 '국제 친선 협회 해외 펜팔'이라고 적혀있었다. 친구와 내가 조심스럽게 문을 열고 들어가 보니 사무실 안에는 대한민국의 소년 소녀들에게 해외 펜팔 친구를 연결해 주기 위해 불철주야 애를 쓰느라 그랬는지 퀭한 눈을 가진 마른 체구의 남자 한 사람만 덜렁 있었다. 그 남자는 친절하지도 불친절하지도 않았고 쭈뼛거리는 우리에게 기계적으로 회원가입이며 등등을 설명해 주고는 '해외 펜팔 책자'와 외국에서 온 친필 편지 몇 통을 보여주었다. 친구와 나는 그 책자를 펼쳐 놓고 어느 나라에 있는 누구와 펜팔을 할 것인가 고민했다. 책자 속 '서구권'의 얼굴들은 도무지 10대라고 보기에는 절대 믿을 수 없을 정도로 늙수그레해 보였다. 대부분 우리보다 형님, 오빠, 언니처럼 보여서 결국 '한국 펜팔 친구를 원한다'는 일본으로부터 온 편지의 주인공을 펜팔 친구로 소개받았다. 그 편지를 선택한 이유는 필기체로 인쇄된 것처럼 가지런하게 쓴 글씨에 반해서였다. 소정의 회비를 내고 그곳에서 제공하는 '특전'을 받아 들고는 사무실을 나왔다.

친구와 나는 영한·한영 콘사이스를 뒤져가며 특전으로 받은 책자에 실려 있는 '첫 번째 편지 이렇게 써야 답장받을 수 있다.'에 해당하는 범례를 참고하여 정성스럽게 편지를 썼다. 얼마쯤 시간이 지났을까? 기다림이 조금 지루해지려고 할 찰나에 친구에게는 저 멀리 현해탄 건너 일본에서 답장이 왔고 나에게는 오지 않았다. 내가 쓴 편지 내용에 무슨 문제가 있었나 아무리 곱씹어 보아도 생각나는 게 없었고, 혹시라도 중간에 편지 배달 사고가 난 것은 아닌지 이런저런 생각을 하다가 오지 않는 답장에 단념하고 말았다. 함께 해외 펜팔 사무실을 찾아갔던 친구는 그런 내가 안쓰럽고 자신만 신나게 편지를 주고받는 것 같아 미안했는지 나에게 자신의 일본 친구의 친구를 소개해 주겠다고 했다. 나는 기쁘게 그 제안을 받아들여 드디어 일본 후쿠오카에 사는 친구와 해외 펜팔을 시작하게 되었다. 주소를 받은 나는 이미 펜팔 계의 베테랑이 된 친구의 코치를 받아 그녀에게 편지를 보냈고 드디어 답장을 받았다. 우리는 편지를 꽤 자주 주고받았고 사진도 동봉해서 서로의 생김새가 어떠한지도 확인했다. 그녀의 사진들은 대부분 학교 운동장에서 체육복을 입고 있거나 아니면 교복을 입은 모습을 찍은 것이었는데 회색 교복의 치마 기장이 무척 길었던 것과 거의 언제나 손은 V 사인하고 있는 것이 인상적이었다.

우리는 편지와 사진을 주고받는 것만으로는 서로에 대한 관심과 우정을 표시하는 것이 부족하다고 여겼는지 다른 것들을 보내기 시작했고 내가 한국 라면, 너구리와 안성탕면을 보내면, 그 애도 일본 라멘을 보내주었고, 내가 '이문세' 테이프를 보내면 그 애는 '光 Genji(히가루젠지)'와 'X Japan'의 테이프를 보내왔다. 그렇게 한 일 년 정도 지나가고 있는 어느 날 한 통의 편지가 집에 도착했다. 그 편지는 바로 내가 아주 오래전에 답장받기를 단념했던 펜팔 사무실에서 얻은 주소의 그녀, 그녀로부터 온 편지였다. 내가 맨 처음 읽었을 때의 그 정갈하고 인쇄된 듯한 글씨가 그대로였다. 편지의 내용인즉슨 중간에 어쨌든 배달 사고가 있어서 내 편지를 너무 늦게 받게 되었고 그래서 너무 미안한 마음에 어떻게 할지 고민하다가 편지를 보내게 되었다는 것이다.

새로운 인간관계를 맺는다는 것의 무게감은 생각보다 가볍지 않았고 더군다나 해외 펜팔은 매번 사전을 뒤져가며 편지를 써야 하고 가끔은 '한국을 알리는 선물'도 해야 했기 때문에 시간과 금전적으로도 노력을 많이 요하는 일이다. 또 무엇보다도 지금 편지를 주고받고 있는 후쿠오카의 친구에게 괜스레 미안한 마음이 들어서 나에게 친구를 소개해 준 친구에게 고민 상담을 했다. 친구는 일본에서 편지가 왔다는 사실에 좀 놀라면서, 그래도 일본 펜팔 친구와의 의리를 지키는 게 중요하지 않겠냐며, 답장을 보내지 않는 것이 좋겠다고 했다. 나는 먼저 인연을 맺은 내 최초의 그리고 마지막이었던 해외 펜팔 친구와의 의리를 지키기 위해 답장을 보내지 않았다.

후쿠오카에 사는 친구와의 편지 왕래는 계속되었고 귀여운 무늬의 발목 양말이며 작고 앙증맞은 일본 문구용품들이 소포로 보내져 왔다. 그러다가 드디어 우리가 만나게 되었는데, 서울로 수학여행을 온다는 것이다. 편지로 자세한 일정을 알려왔고 우리 넷은 종로 낙원상가 근처의 그들이 묵는 호텔에서 만나기로 했다. 카메라도 준비했고 또 한국의 전통적 미를 나타내는 선물을 해야 한다며 고심하면서 고르고 골라서 선택한 것이 청사초롱 모양의 스탠드였다. 사고 보니 중국 분위기가 나는 것 같아서 약간 후회도 됐지만 어쩔 수 없다 생각하고 친구를 만나러 갔다.

호텔 로비에서 처음 대면했을 때 우리는 그야말로 환호작약, 기뻐 날뛰었다. 그 애의 친구들도 로비로 내려와서 우리가 만나는 것을 신기한 듯이 바라보기도 하고, 함께 웃고 덩달아 기뻐해 주었다. 선생님의 배려로 숙소에도 잠깐 올라가 보고 친구들하고도 인사를 하고 그렇게 일단 환영 리셉션을 마친 후 다시 호텔 로비로 내려왔다. 로비 한쪽에 있는 소파에 앉아 있는데 아... 말이 나오지 않았다. 편지로는 그렇게 많은 말들을 했던 것 같은데, 막상 만나고 보니 언어장벽이 생각보다 심각했다. 하지만 우리는 말 대신에 서로 마주 보고 웃고 또 웃었다. 말이 좀 통했다 싶으면 감격해서 웃고 안 통하면 멋쩍어서 웃어넘겼다.

친구는 나를 위해 기모노를 입은 아주 고운 흰색 도자기 인형을 선물로 가져왔다. 우리에게 허락된 시간은 두어 시간 정도였고, 별로 한 얘기도 없는데 시간이 후딱 지나가 버렸다. 그때 일본 친구를 서울에서 만나면서 새삼 외국으로 수학여행을 올 수 있다는 사실에 놀랐다. 우리 둘 사이의 서신 왕래는 그 이후로도 몇 년간 계속됐지만, 그 친구를 직접 만났던 건 그때가 처음이자 마지막이었다. 시간이 흐르고 흘러 천지가 개벽을 해서 지구별 사람들이 거의 동시적 상황을 공유할 수 있는 시점에 이르렀다. 간단하게 '친구 맺기' 신청하면 전 지구의 사람들을 친구로 만들 수 있는 오늘을 살아가면서 내 1호 해외 친구인 Miwa Ichimura에게 이 즈음 잘 지내고 있냐고 안부를 묻고 싶다.

1990.
명동 피자 inn

햄버거는 J읍에서도 먹을 수 있었다. 만들어 놓은 햄버거를 따뜻하게 보관할 수 있는 유리박스와 패티를 굽는 팬이 있는 이동식 햄버거 가게가 시장에 있었고 수제 햄버거를 주메뉴로 내 걸고 장사도 꽤 잘 됐던 '그리그리'라는 햄버거 전문점도 있었다. 그래서 자주는 아니지만 아주 가끔은 햄버거를 먹기도 했다. 하지만 피자는 스무 살이 되기 진까지 본적도, 먹어 본 적은 더더군다나 없었다. 아마 사진으로는 봤을 거다. 무엇인가에 대한 존재를 아예 모르고 있으면 그에 대한 욕망도 생기지 않는 것 같다.

그러다가 어느 날 을지로 입구 역 근처 예전 외환은행 본점은 좀 못 미쳐 코너를 지나면서 '피자 Inn'을 보게 되었다. 가게는 전면과 측면이 모두 유리로 되어 있었고 흰색과 빨간색이 주를 이룬 실내장식은 지나가는 사람들의 시선을 끌어들이기에 충분했다. 하지만 어쩐지 선뜻 들어가기가 어려웠다. 아마도 피자 가격이 그렇게 쉽게 사 먹을 수 있을 정도가 아니었던 것 같고 무엇보다도 무엇을 어떻게 주문해야 할지 몰라서 약간 주눅이 들어 있었던 것 같다. 그렇게 지내다가 20년 만에 드디어 피자를 먹게 되는 날이 도래했다. 회사 점심시간에 언니들이 피자를 사준다며 피자 Inn에 나를 데려갔다. 우리는 내가 지나다니면서 힐끗힐끗 들여다보던 창가 바로 그 자리에 앉았고, 직사각형의 길고 넓은 탁자가 놓여 있었다. 언니들은 능숙하게 피자며 샐러드(바)를 주문했고 넓은 탁자 위에 한 상 그득히 피자가 펼쳐졌다. 생전 처음 맛보는 피자 맛이 어땠는지 어떤 종류의 피자를 먹었는지 아무것도 기억나지 않고 다만 딱 한 조각만 먹고 더는 먹지 못했던 것만 선명하다. 더는 먹지 못하는 나에게 언니들은 계속 먹기를 권유했지만 끝내 사양했고 그렇게 생애 첫 피자와의 조우를 마감했다. 나중에 생각해 보니 왜 그때 좀 더 먹지를 못했나 싶은 게 아쉬운 마음이 들면서 쭉쭉 늘어나는 느끼한 치즈에 마구 휘감기고 싶은 욕망이랄까? '늘 먹던 걸로'라는 말을 자신 있게 내뱉고 자리에 앉아 여유 있게 주문하는 '애티튜드'(태도)는 굳이 부르디외를 인용하지 않더라도 몸에 배어 있어야 자연스럽게 연출이 된다.

언니들은 아마도 그때 내가 생애 처음으로 피자를 맛보았다는 사실을 몰랐을 것이다. 아니 혹시 알았을지도 모르겠다. 아무튼 이런 나의 태도는 피자가 그렇게 특별한 음식도 아니고 쫄깃하고 고소한 치즈 맛에 홀딱 반했다고 할지라도 허겁지겁 많이 먹지는 않겠다는 나의 강한 의지의 표명이지 않았을까? '고기도 먹어 본 놈이 잘 먹는다'는 말처럼 어떤 음식을 제대로 '먹을 줄 안다'는 것은 그 음식을 일상적으로 즐겨온 사람이라는 것을 입증하는 언술 행위이다. 언제부턴가 텔레비전 예능 프로그램에서 면을 끊지 않고 끝까지 훅훅 소리 내며 먹는 모습에 감탄하며 역시나 먹을 줄 안다고 추켜세운다. 모 방송의 예능프로에서 한 출연자가 만든 냉면 육수를 '국물이 너무 깊고 고기를 삶아서 낸 거라 맛이 다르다'고 극찬하며 다른 출연자들이 남김없이 들이켰는데 알고 보니 다시다, 꽃소금, 설탕, 국간장, 식초 등의 레시피로 만든 육수였던 것이다. 동화 '벌거벗은 임금님'이 떠오르면서 냉면 좀 먹어봤다는 사람들의 어이없는 '입맛'에 웃음이 났다.

우리는 어떤 음식을 맨 처음 접했을 때의 그 맛을 어떻게 기억하고 있을까? 82년도의 카레를 생각하면 진저리가 쳐지는 '한약 냄새'와 엄마로부터 '다른 집 애들은 잘도 먹는 걸 촌스럽게 먹지도 못한다.'라며 핀잔 들었던 일, 84년도의 '인천의 정신'보다는 지독하게 매웠던 쫄면의 맛과 질풍노도의 시기로 막 진입했던 나의 어두웠던 청소년기가 떠오른다. 아마도 그때의 일들은 생전 처음 맛보는 음식과 함께 나에게로 왔기 때문에 지금까지도 생생한 것 같다.

서울사람

 그 옛날 '나 서울역에서 서울말 배웠드랬어'라며 상경의 경험을 자랑하던 시절이 있었다. 서울 물은 수돗물이 좋아서 얼굴이 하얘진다는 이야기도 있었고 어쨌든 '서울 사람'이라는 말이 함의하는 바는 '청주 사람' 혹은 '부산 사람'과는 너무나 달랐다. 나는 '서울 사람'도 아니고 '서울말'도 할 줄 몰랐지만 어쩌다 보니 고등학교와 20대 초반을 서울에서 보내게 되었고 나중에 30대 초반에 다시 서울에서 지내게 되면서 간헐적 '서울 사람'으로 살게 되었다.
 특히 20대 때 서울의 중심지 소공동에서 직장생활을 할 때는 워낙 활동량도 왕성해서 그 주변 지리에 빠삭하게 되었다. 소공동에서는 명동, 남대문, 을지로, 종로, 시청 그리고 남산까지도 어느 곳이나 다 걸어서 갈 수 있다. 종로에서 약속이 있는 날은 (옛날) 조흥은행 본점을 지나 광교를 건너 종각에 이르러 오른쪽으로 돌아서 조금만 가면 '파이롯트'가 있고 좀 더 종로 3가 쪽으로 걸으면 '종로 서적'이 나왔다. 거기서 좀 더 가면 'KFC'나 '하디스'가 있었는데 친구들과는 주로 '하디스'에서 만났다. 또 가끔은 종로 대로변 말고 그 안쪽 길에 있던 코아아트홀 옆 반쥴(드라마 〈응답하라 1988〉에서도 나왔던)에서 만나기도 했었다.

영화를 보려면 주로 종로 3가 쪽으로 가긴 했지만 그때는 단관 영화관들이 대부분이어서 각각의 영화관들을 찾아다녔고 단성사에서는 〈장군의 아들〉, 대한극장에서는 영화 제목도 기억나지 않고 결국 보다가 중간에 나온, 그런데 희한하게도 출연한 배우 '정철야'라는 이름은 정확히 떠오르는 어떤 영화를 봤었다. 스카라극장에서는 친구들과 밤늦게 〈죽어야 사는 여자〉를 봤고 세운상가에 있던 아세아극장에서는 〈시스터 액트〉, 유네스코 빌딩에 있던 코리아극장에서는 〈사랑과 영혼〉, 을지로의 국도 극장에서는 〈황비홍〉, 명동과 을지로 사이에 있는 중앙극장에서는 〈퐁네프의 연인들〉을 봤다. 〈퐁네프의 연인들〉을 볼 때는 관객들이 거의 없었는데 갑자기 스크린 앞으로 쥐 한 마리가 쏜살같이 지나가서 친구랑 정말 꺅 소리를 지르며 깜짝 놀랐다.

그리고 이제는 엄연히 법적으로 인정받는 성인이 되어 '청소년 관람불가' 영화도 어느 누구의 제지 없이 볼 수 있었기 때문에 친구들과 몰려다니면서 〈와일드 오키드〉를 보기도 했고 연신내 뒷골목에 있는 재개봉관에서 강시 영화와 동시상영 했던, 제목도 이상한 〈담장을 넘은 강아지〉 같은 영화도 봤다. 그러나 역시 하이라이트는 영화 〈원초적 본능〉이었는데 개봉 전부터 엄청난 화제여서 영화표를 구하기가 어려웠다. 지금처럼 온라인으로 예매하는 시스템도 아니었고 극장에 직접 가야만 표를 살 수 있었기 때문에, 상영관이었던 종로 허리우드극장 주변에는 사람들이 아주 길게 줄을 섰다. 친구 덕분에 표를 구할 수 있게 되었고 그 덕에 생애 최초로 남자와 '청소년 관람불가' 영화를 볼 수 있었다. 우리는 영화관에 들어가기 전에, 영화 보다가 절대로 서로의 얼굴을 쳐다보지 말자고 약속했다. 그리고 빼놓을 수 없는 홍콩 누아르 〈첩혈쌍웅〉, 〈지존무상〉, 〈천장지구〉 같은 영화들은 신촌의 재개봉관에서 봤고 한 친구는 〈첩혈쌍웅〉의 이수현에게 폭 빠져서 한동안 정신을 차리지 못하고 다녔다.

서울을 하루 종일 걸어 다녔어도 한순간도 지루하지 않았다. 종로에서 대학로까지 걷는 건 일도 아니었고 명동성당을 오른쪽에 두고 좀 걷다가 왼쪽으로 방향을 틀면 '삼일로 창고극장'이 있고 좀 더 걷다가 길을 건너면 '쁘렝땅 백화점' 그리고 그 방향으로 계속 걸으면 다시 종로에 이른다. 명동에서는 충무로나 회현(남대문)까지도 쉽게 갈 수 있고 소공동에서는 시청을 거쳐 덕수궁으로도 가고 광화문의 교보문고를 지나 서소문 쪽으로 가다 보면 '나무와 벽돌'이라는 카페가 있었고 길 건너편에는 카페 '도토루'도 있었다. 소공동에서 시청 방향으로 갈 때는 가능하면 북창동 쪽은 피해서 걸었다. 그 전날 유흥의 흔적들과 냄새 때문에 걷기가 힘들었기 때문이다. 광화문까지 걸어가면 그 기세를 몰아 서소문 그리고 충정로까지도 가고, 더 걸으면 아마도 신촌까지도 갈 수 있었을 거다. 그냥 웬만하면 걸어 다녔다. 걷고 또 걷고, 내가 보았던 서울의 모든 장소는 스펙터클했고 의미심장했다.

그렇게 다니다가 돈이 좀 있는 날이면 '파르페'를 마셨고 커피는 아직 내게 너무 쓰다고 생각되었다. 그러던 어느 날 친구가 중국대사관 근처 커피숍엘 데려가더니 '비엔나커피'를 사주었다. '비엔나라니!' 생전 처음 맛보는 커피가 그렇게 맛있을 수도 있다는 사실을 처음으로 깨닫는 순간이었다. 그다음부터는 뭘가 마실 기회가 있으면 파르페 말고 주저 없이 비엔나커피를 선택했다. 커피를 마신다는 건 어쩐지 어른이 되는 기분이었고, 그래서인지 사람들에게는 첫 커피 맛에 대한 저마다의 기억이 있는 듯하다. 이모는 고등학교를 갓 졸업하고 친구와 함께 다방에서 은사님을 만났다고 한다. '이제 어른이 되었으니 커피도 한 잔 마셔보라'는 선생님의 말씀에 커피를 시켰는데, 이모가 차 스푼으로 커피를 떠서 '후룩'하고 마시니 옆에 있던 친구가 옆구리를 쿡 찌르면서 자기처럼 커피잔 채 들어서 마시라고 눈짓으로 신호를 보냈다고 한다. 또 더 멀게는 베트남전과 6.25까지 거슬러 올라간다. 엄마가 어렸을 때 군인들이 그 동네 민간인들에게 '시레이숀'을 나누어줬는데 다음 날 아침 개울에 나와보니 가운데가 작게 뚫려 있는 깡통이 몽땅 버려져 있더라는 것이다. 그 깡통 안에는 다름 아닌 커피가 들어있었고 동네 사람들이 간신히 뚫어서 안에 있던 가루를 맛보고는 내던져 버린 것이다. 또 어떤 사람은 베트남전에 갔다가 한국으로 돌아오면서 커피를 사 왔고 친구들에게 한

잔씩 대접하고 싶어서 어머니께 커피를 끓여달라고 부탁을 했더니, 가마솥으로 한가득 물을 끓여서 거기다 커피 가루를 탔다고 한다. 맛이 밍밍하니 커피를 계속 넣고 그러다 보니 맛은 걷잡을 수 없이 써져서 당원(설탕이 귀했기 때문에)을 넣을 수밖에 없었고, 한 솥 끓여 놓은 커피를 어떻게 했는지는 알 도리가 없다. 고종이 커피를 즐겼다고는 하지만 커피는 아마도 이렇게 우리에게 왔었나 보다.

웬디스 햄버거와
& 로손

 소공동 조선호텔 근처에 '웬디스 햄버거'가 있었다. 빨강머리 앤과 말괄량이 삐삐를 섞어 놓은 캐릭터가 충분히 매력적이었고 통유리를 통해 훤히 들여다보이는 매장 안은 여느 햄버거를 파는 곳과는 달라 보였다. 이 주변은 다른 곳에 비해 좀 한산해 보였고 그래서 그런지 서울 한복판이었지만 이국적인 먼 나라, 아메리카는 가 본 적도 없지만 그곳 어디쯤인 듯한 착각을 불러일으키기도 했다. 서부 애리조나 어디쯤, 자동차를 타고 한 열 시간 달리고 나서야 겨우 들르게 되는 네온사인이 깜박이는 가솔린 스테이션 옆, 햄버거 가게가 꼭 저렇게 생기지 않았을까 싶었다.

 그 앞을 여러 번 지나다니면서도 들어가 본 적이 없었는데 어느 날 같은 부서 직원이 웬디스로 간식을 먹으러 가자고 제안해서 기쁘게 따라나섰다. 가서 보니 과연 햄버거 종류도 많았고 한옆에 샐러드 바도 있었으며 내가 상상하던 그 분위기 그대로였다. 나는 더블패티와 더블치즈가 들어간 빅 사이즈의 최강으로 진한 맛의 햄버거를 주문했는데 한 입 딱 베어 물었더니 머리가 어질할 정도로 맛있었다. 그 강렬하게 느끼한 미국의 기름진 맛에 저항할 수 있는 사람은 아마 아무도 없었을 것이다. 그래서 햄버거 먹기에 열중하다가 근무 시간인 것도 잊고 한 두어 시간을 이국적 분위기에 빠져 허우적거리다 부리나케 회사로 들어갔다. 지금은 아마도 거의 불가능할 것 같긴 한데, 사실 그때는 회사 근무 시간에 개인적인 용무를 보기도 하고 또 꽃 피고 햇빛도 좋은 봄날이면 부서 비치용 카메라를 들고 남산으로 점심을 먹으러 가기도 했다. 따뜻한 봄 햇살을 만끽하고 돌아오면 어느덧 훌쩍 점심시간이 지나가 버렸지만, 부서장이었던 상무님도 별 이야기는 안 했다. 물론 윗사람들 사이에 내가 모르는 애로사항들이 있을 수도 있지만 적어도 겉으로는 서로에게 어느 정도는 자유로움을 용인하는 분위기가 있었다. 혹시라도 이 글이 '필화사건'으로 비화 되지는 않을지 걱정되는 면이 없지는 않지만, 뭐 그렇다고 해서 당시 회사에 큰 해를 끼치거나 한 일은 없었다고 합리화해 본다.

이처럼 직장생활 아닌 것처럼 직장생활을 했다. 물론 이 때 회사의 전반적인 분위기가 다 이랬다는 것은 아니다. 총무과 한구석에 책상만 하나 달랑 놓여 있는 '업무 개선부'가 있었다. 지방에 근무하는 사람을 본사로 출근하게 하고는 어떠한 업무도 부여하지 않고 하루 종일 책상만 지키다가 퇴근하게 하는 것이다. 일종의 권고사직을 포장한 것이라고 볼 수 있는데, 사측의 속내는 업무능력이 개선되면 복귀시키는 것이 아니라, 제풀에 지쳐 자기 발로 나가게 만드는 것이다. 한 남자가 업무 개선부에 있었다. 본사에 아는 사람도 없었을 테고, 사람들의 흘긋거리는 시선과 안쓰러워하는 동정의 눈빛이 무척 힘들었을 거다. 나는 그때 주변머리도 없었고 스스로 어떤 면으로는 아직 어른이 아니라고 생각했었는지 잘 모르는 사람과 넙죽넙죽 이야기를 잘 나누지도 못했다. 그래서 그와 같은 상황에 처해 있는 사람에게 어떻게 다가가야 할지도 모르겠고 한 마디 위로의 말이나 차 한 잔을 건네는 것도 용기가 필요했다.

새로운 것들의 출현 그리고 그것들과의 맞닥뜨림은 인간관계에서뿐만 아니라 사회 전반적으로 일어났고, 새로운 것은 낯선 것이기도 해서 두려움과 호기심이 혼재된 감정선이 언제나 작동했다. 세종문화회관 옆에 있던 '로손'이 바로 나에게는 그런 공간이었다. 겉으로 봐서는 약국도 아니고 슈퍼마켓도 아닌 것 같은 '로손'에 쉽사리 들어가지를 못했는데, 그 이유는 내가 그곳에서 무엇을 살 수 있을지 그러니까 무엇을 파는 곳인지 알 수가 없었기 때문이다. 그 당시에 '편의점'이라는 용어가 이미 대중적으로 사용되고 있었는지는 모르겠다.

　나의 첫 해외 여행지 중의 하나였던 로마의 콘도티 명품거리에서 잠겨있는 '루이비통' 매장 앞에서의 경험도 '로손'의 경우와 비슷한 맥락이지 않나 싶다. 물론 이곳에서는 당연히 루이뷔통 제품을 파는지 정확히 알고 있었지만, 그 안에서 이루어지는 쇼핑하는 관습적 태도를 인지하지 못하는 데서 오는 어색함과 거리감이 있었다. 매장 안에는 쇼핑객이 있었지만 출입문은 잠겨있어 이상하다고 생각했다. 나중에 이것이 '쾌적하게 쇼핑을 즐기라'는 명품매장의 영업방침임을 알게 되었고 내가 이런 문화(?)에 당황하지 않고 눈치껏 자연스럽게 행동할 수 있기를 바랐다. 또 신라호텔 아케이드 웬디스에서 햄버거를 주문할 때 '샐러드 바를 이용하시겠냐?'는 직원의 물음에 어떻게 이용하는지 모르는 것을 감추느라 '필요 없다'라고 대답하는 대신 "그건 어떻게 이용하는 거냐?"라고 자연스럽게 물어볼 수 있었으면 했다.

 소년잡지에서 읽었던 그리고 중학교 가정 수업 시간에 배웠던 양식 먹는 법에서 포크와 나이프 사용 순서를 열심히 외워서 시험문제로도 풀었지만, 일상생활에서는 여러 개의 포크를 사용하면서 먹는 서양식 '정찬'을 접할 기회라고는 전혀 없었고 경양식은 한 개의 포크만으로도 충분했다. 배운 것과 실제는 언제나 다르게 느껴졌고 일상에서의 자연스러움으로 묻어나오기까지는 아마도 몸에 밸 정도의 많은 기회와 시간의 축적이 필요하겠지. 그전에 우리에게 있는 '투박함'들을 부끄러워하지 말았으면 좋겠다.

1990.
오페라 〈카르멘〉

 어느 해 추운 겨울밤에 독일 코트부스Cottbus에서 지인이 출연하는 오페라 〈라보엠〉을 보게 되었다. 극장 안은 춥지도 않았고 알아들을 수 있는 말은 단 한마디도 없었지만, 극중 가난한 예술가들이 겪는 극심한 추위와 배고픔이 나에게도 전해져왔다. 그 시대를 재현한 무대와 배우들의 의상만으로도 19세기의 파리를 상상하기에 부족함이 없었고 소품 등에 주로 쓰인, 어딘지 차가운 기운이 묻어나는 색깔들은 로돌포와 마르첼로가 기거하는 공간을 썰렁하고 쓸쓸한 분위기로 채웠다. 구동독 지역의 오래되고 낡은 극장에서 본 오페라 〈라보엠〉은 이렇게 내 기억 속에 있다.

 그로부터 14년 전, 생애 최초로 오페라 〈카르멘〉을 볼 기회가 생겼다. 오페라도 처음이었고 그 공연이 열리는 세종

문화회관에 가게 된 것도 물론 처음이었다. 아마도 당시에는 오페라 공연 자체가 흔하지 않았던 것 같고 특히 카르멘 역을 맡았던 메조 소프라노 루드밀라 남은 러시아에서 온 고려인 3세였는데 꽤 유명했는지 그녀가 카르멘 역을 맡아서 한국에서 공연한 게 큰 화제가 됐었다. 친구와 나는 어디서 들은 얘기는 있어서 드레스 코드를 신경 써서 평소에는 잘 입지도 않는 원피스를 입고 세종문화회관으로 향했다. 자리는 2층 앞쪽이어서 무대가 잘 보였다. 앉아서 공연이 시작되기를 기다리며 친구와 얘기도 하고 속속들이 도착하는 사람들을 보기도 했다. 그러다가 친구와 나는 한 유명한 남자 탤런트를 발견하고는 그 사람 이름을 속닥였다. 그리고 곧 우리 앞쪽 자리에 한 가족이 자리를 잡는데 그중에 아는 얼굴이 있었다. 그 사람은 유명 영화배우의 아내였는데 아마도 텔레비전이나 잡지 등에서 본 적이 있어서 알아봤던 것 같다. 어쨌든 나는 그녀가 누구의 아내인지 친구에게 살짝 귀띔해 주었지만, 60~70년대 스크린에서 주로 활동했던 배우라서 그런지 친구는 그 배우를 알지는 못했다.

공연장을 찾은 유명 남자 탤런트나 영화배우의 아내가 생각보다 평범하다고 느껴졌다. 나처럼 '사람 얼굴'에 관심이 많은 사람이니 알아볼 수 있지 보통은 그냥 지나쳐 버릴 것 같은데, 여기서 뜻밖의 얼굴을 보게 되었다. 몇 년 뒤 대한민국의 모든 청소년에게 미국 아이비리그로의 유학 꿈을 심어 준 〈7막 7장〉의 저자 홍정욱이었는데, 어쩐지 다른 세상에 사는 사람같이 여겨졌다. 이 얼굴을 2015년도엔가? 서울의 한 가구점에서 우연히 다시 보게 되었는데, 세월은 어쩌면 모든 사람들에게 공평한 주름을 부여하는지도 모르겠다. 그 얼굴에 깃들어 있던 젊은 날의 광채는 흔적도 없이 사라졌다.

공연은 시작되었고 무대에 집중했다. 하지만 나는 도무지 오페라 〈카르멘〉에 몰입할 수가 없었다. 그때까지 일종의 '노래극'이라고 하면, 텔레비전의 토요명화나 명화극장에서 방영했던 〈My Fair Lady〉, 〈Funny Girl〉 그리고 엘비스 프레슬리가 출연한 〈Viva Las Vegas〉를 본적은 있다. 하지만 나에게 이런 종류의 장르는 그다지 매력적이지 않았다. 화를 내다가도 또는 슬픔에 잠겼다가도 갑자기 흥겹게 춤을 추며 노래하는 식의 극 전개가 낯설고 우스웠다. 반대로 오페라는 짐작하건대 내용은 심각한 것 같지 않지만 노래하는 내내 배우들의 표정은 너무나 진지해 보여서 극의 내용을 미리 공부하고 가지 않는 이상은 오페라 장르를 즐기기 어렵다고 생각했다.

오페라라는 장르가 나에겐 처음이기도 했고 프랑스어는 알아들을 수 없었으며 당시 언론의 큰 관심을 받았던 메조소프라노 루드밀라 남은 내가 상상했던 것과는 좀 거리가 있는 카르멘의 실루엣을 지녔다. 물론 그녀의 치명적인 매력은 목소리에 있었다. 나는 매력적이어야만 하는 팜 파탈의 카르멘보다는 불타는 질투심에 사로잡혀 살인을 저지른 돈 호세 역의 테너 박세원을 그 공연을 통해 알게 되면서 그 이름을 영원히 기억하기로 마음먹었다. 무대는 멀었지만 짙은 음영을 준 얼굴 분장이며 헤어스타일 그리고 카르멘과 함께 무대에 섰을 때 어느 위치에 있었는지 눈을 감고 생각하면 선명하게 박세원의 돈 호세가 그려진다. 나는 그때 아마 돈 호세가 한국 사람이라면 저런 모습이었을 거라고 생각하며 오페라 〈카르멘〉을 봤던 것 같다.

삐삐, 자동차
그리고 인터넷 익스플로러

삐삐(90년대 중후반까지 일반 대중이 광범위하게 사용하던 무선호출기)에 전화번호를 전송하거나 음성을 남긴 후 답신을 기다리기까지의 몇 분, 몇 시간 그리고 날들, 타인과의 거리감, 딱 그 거리만큼이 있는 것이 편하고 좋았다. 삐삐가 출현하기 이전에는 약속의 무게감이 중해서 일단 만나기로 하면 취소하기도 변경하기도 어려웠고 그래서 애초에 지키기 어려운 약속은 잘 정하지 않았다. 정말 피치 못할 일로 약속에 늦게 되면 114에 전화를 걸어 약속 장소의 전화번호를 알아낸 다음 '손님 중에 정우성 씨 좀 부탁한다'고 요청하거나 또 반대로 내가 기다리는 입장이 될 때면 상대방이 나타날 때까지 하염없이 서너 시간은 기본으로 기다렸다. 그땐 하루가 서른하고도 여섯 시간이었나 싶을 정도로 '무슨 사정이 있겠지'로 대변되는 수많은 상황에 대한 서로의 이해가 있었다.

이렇게 조금은 느슨하게 지내는 동안 홀연히 삐삐가 등장했고 우리는 이 새로운 테크놀로지 기기에 열광했다. 연락받은 번호로 전화를 걸기 위해 공중전화 앞에 길게 줄 서는 것쯤은 아무것도 아니었고, 직접 만나 건네기 어려운 말은 음성 메시지로 가능했다. 삐삐 하나로도 삶의 질이 달라지고 세상이 좋아졌다고 느꼈다. 음성녹음 안내 메시지를 어떻게 하면 좀 더 독특하게 만들어서 '나만의 개성'을 뽐낼 수 있을까 고심하며 화장실 변기의 물 내려가는 소리를 녹음해 놓기도 하고, 전화 건 사람이 남자라면 가차 없이 전화를 끊어 달라는 삐삐 안내 메시지를 녹음한 남자 동기도 있었다. 나는 삐삐 이후의 텔레커뮤니케이션 기기를 상상해 본 적이 없었고 이렇게 가늠할 수 없을 정도의 속도로 변화하리라고는 전혀 예상하지 못했다.

자동차도 마찬가지이다. 예전에는 나에게 '마이카'가 생긴다는 것은 생각해 본 적이 없었다. 초등학교 때 전교생 중에 집에 차가 있는 애들은 기껏해야 아마 두서너 명이나 많아야 대여섯 명 정도 되지 않았을까 싶다. 시골 학교이기 때문일 수도 있지만 대개 부모님이 약국을 하거나 야쿠르트 대리점 또는 인삼 농사를 크게 짓던 집 아이들의 집에나 자가용이 있었고 차를 소유한다는 개념조차 희박했던 때다. 그랬던 때가 엊그제 같더니만, 어느새 세월이 흘러 운전면허는 현대인의 필수품이 되었고 집마다 한 대씩 혹은 그 이상의 차를 굴리게 된 것이다. 이 정도 되다 보니 나에게도 차례가 와서, 국민 경차로 유명했던 '티코'를 몰고 다닐 수 있게 되었다. 이 차는 오토매틱도 아니었고 파워핸들도 아니어서 운전할수록 팔뚝이 근육질로 변해가는 것만 같았다.

티코를 몰게 된 것은 내 발에 날개를 달아준 것만큼이나 멋진 일이었는데 이 '멋진 차'를 타고 갈 수 없는 곳이 없었다. 하지만 '티코가 어느 날 갑자기 도로에서 움직이지 않아 바닥을 살펴봤더니 바퀴에 껌이 붙어 있다더라'라는 등의 티코에 관한 많은 우스운 유머가 알려주듯 실제로 티코를 타고 다니는 사람을 '티코' 그 자체로 보기도 해서, '초보운전'을 써 붙인 티코에 다른 운전자들은 그야말로 무자비했다. 그러던 어느 날 드디어 고속도로를 달리게 되었다. 동생이 있는 여주까지 갔다가 청주로 돌아오는 여정이었는데, 그만 고속도로 출구를 오인해서 강원도 문막까지 내리달렸다. 그러다가 다시 돌아 나와 청주로 가는 출구로 빠졌어야 하는데 또 놓쳐서 서울 곤지암까지… 그렇게 반나절을 고속도로에서 헤매고 나서야 청주에 무사히 도착했다. 옆에 앉아 있던 엄마는 당황하는 나에게 "일부러라도 가는데 괜찮다"라며 연신 헤매는 나를 안심시켰다. 이러다가 영영 고속도로 미로에서 빠져나가지 못하는 건 아닌가 싶어 운전하는 내내 긴장으로 목덜미가 뻣뻣했지만 결국 목적지에 다다른 자신이 대견하면서도 한심했다. 지금에야 내비게이션에다가 진출입을 알리는 선명한 표식까지 있어서 예전처럼 헤매는 일도 별로 없겠지만 그때만 생각하면 갑자기 심장박동수가 빨라지는 것이 얼굴이 화끈거린다. 그때 이후 차에는 항상 전국 고속도로 국도 지도를 비치해 두었지만 곧 내비게이션이 보편화되어서 세상 다니기 편해졌다. 어디든 도착지만 입력하면 헤맬 필요도 없이 맘 놓고 운전대만 잡고 가면 된다. 그러나 목적지만 보고 내리 달리느라 목덜미는 더 뻣뻣하고 도착 시간을 예상할 수 있으니, 일정을 더 빠듯하게 잡는다. 일상생활에서 효율성은 점점 높아져만 가는데 여유는 더 없다. 남을 거라고 예상했던 시간이 다 어디로 갔는지 모르겠다.

맨 처음 '인터넷 익스플로러'로 그 세계를 진입했던 순간을 생각하면, 인터넷 세상이 어떠한 작동 원리로 움직이는 것인지 도무지 이해하기가 어려웠다. '메일이라니!!' 컴퓨터로 메일을 쓰고 그게 전달된다는 것조차도 생소하게 여겨졌고, 이메일 계정을 만들기 위해 만드는 아이디는 또 어떻게 만들어야 할지 머리를 쥐어 짜내다가 '새우깡' '고래밥'에서부터 익숙한 온갖 과자 이름들을 다 입력해 봤지만 이미 존재하는 아이디라고 죄다 거부당하다가 나중에 가까스로 '허벅지'를 입력했더니 드디어 '아이디'로 인정받게 된 적도 있다.

그렇게 오랫동안 살아온 것은 아니지만 인생을 돌아보면, 세상이 한 30~40년 동안 변해온 것보다 최근 10년 동안 변한 것들이 이루 말할 수 없을 정도로 그 폭이 크다. 요즈음 너무나 변화의 격랑이 극심해서인지는 몰라도 사람들이 이제는 정해진 진로와 안정을 추구하고 시행착오를 겪고 싶어 하지 않는다. 그래서 다른 사람의 실수뿐만 아니라 자신에게도 어떤 면으로는 너무나 혹독하다. 또 안정 추구와 시행착오를 줄이고자 하는 욕구에 반해 어떤 상황에 대한 반응은 너무나 즉각적으로 이루어져 잠시 숨 고를 틈도 없다. 타인과의 거리나 나 자신과의 거리도 과거 삐삐를 사용했던 때만큼의 여유를 두고 싶다. 누군가 삐삐에 남긴 음성 메시지에 화가 나더라도 그 사람에게 전화를 걸기 위해 공중전화를 찾아 헤매거나 혹은 그 앞에 길게 늘어선 줄에 서서 기다리다 보면 어느 정도 마음이 누그러져서 적어도 가시 돋친 말을 상대방에게 쏟아붓지는 않을 것이다. 삐삐를 사용하던 시절, 딱 그 정도의 여유면 될 것 같다.

배낭여행

배낭여행 열풍이 불면서 일종의 통과의례처럼 너도나도 유럽으로 여행을 떠났다. 그 '너도나도'에 물론 나도 있었고 어릴 때 막연한 꿈으로만 품고 있던 외국으로의 여행을 실현하기 위해 꽤 오랫동안 준비를 했다. 그 준비라는 건 시간과 돈 그리고 함께 갈 사람이었고, 아는 동생과 함께 유럽 전도를 펴 놓고 루트를 짜면서 1박을 할 것인지 아니면 돈을 아끼기 위해 야간열차를 타고 이동할 것인지 계획했다. 아직 '인터넷 익스플로러'가 작동하기 전이라서 우리는 순전히 그때 가장 많이 팔리던 책 『우리는 지금 유럽으로 간다』(줄여서 '우간다')에 있는 정보를 완전히(?) 믿고 책 한 권만 달랑 들고 유럽으로 떠났다. 여행지의 사정이란 언제나 바뀔 가능성이 있고 변경된 정보가 계속 업데이트되는 것도 아니었겠지만, 우리는 미처 그런 생각을 하지 못했다. 그저 '우간다'만 믿고 책에 쓰여 있는 정보에 의지해 우리는 유레일패스가 있으면 베를린에선 버스를 공짜로 탈 수 있다고 생각하고는, 실제로 버스에 올라타서는 기사에게 안 되는 영어를 하며 유레일패스를 보여주었다. 그 착한 기사님은 독일어로 우리에게 무슨 말을 하기는 했는데, 아무리 애를 써도 서로 말이 통하지 않을 것을 직감했는지 웃으면서 손짓으로 뒤에 가서 앉으라고 했다. 우리는 겨우 모기 같은 소리로 '당케 쉔'을 외치고 미끄러지듯이 뒷자리로 가서 앉았다. 한편 파리에서는 '공중전화 카드를 사려면 카페를 이용하라'라는 책의 안내에 따라 카페마다 들어가서 "텔레폰 카아드?"라고 묻기도 했다. 결국 카페에서는 전화카드를 구하지 못하고 신문과 잡지를 파는 가판대에서 살 수 있었다.

당시 유럽으로 가는 가장 싼 비행기표를 사기 위해 백방으로 알아본 결과 마닐라 경유 파리 도착, 필리핀 에어라인 비행기 티켓을 68만 원에 구했다. 또 유레일패스를 사기 위해 서울 YMCA에도 가고 배낭도 사고 이것저것 준비하면서 태어나서 처음 비행기를 타고 유럽으로 날아갈 생각에 한껏 들떠 있었다. 그런데 바로 그 일이 있었다. 뉴스에서는 연일 대한항공 괌 비행기 추락사고 소식을 전했고 사람들은 그 소식에 망연자실했다. 정확히 기억은 안 나지만 우리의 비행기 출발 날짜가 그즈음이어서 주변 사람들의 걱정과 불안으로 여행을 취소해야 할지 고민을 많이 했었다. 우리는 가기로 결정했고 출발 당일에 김포공항으로 갔다. 한창 여름 휴가철이었지만, 공항은 고요했다.

직항으로 가도 파리에 제대로 도착할까 말까인데, 우리는 처음 비행기를 타면서 다른 나라를 경유해서 가는 게 뭔지도 잘 모르면서 용감하게도 경유 비행기표를 끊었다. 마닐라 공항에 내려서 어찌어찌하여 체크인 데스크에 가서 다시 탑승권을 받았는데, 뒤늦게 체크인해서인지 아니면 의사소통에 문제가 있었는지(잘 못 알아들으면 그냥 'Yes'로 대답하는 경향이 있었다) 우리는 그만 비행기 뒤쪽 흡연석에 앉게 되었다. 하도 신경을 썼더니 우리는 둘 다 완전 녹초가 돼서 유럽 땅을 밟아보기도 전에 지쳐 쓰러질 것만 같았다. 정신을 좀 차려보자는 취지로 한 번도 보거나 마셔본 적이 없는 망고주스를 주문했다. 흐읍. 걸쭉한 망고주스에서는 타이어랄까? 아니면 고무 냄새? 글쎄, 어떻게 그 향을 표현할 수 있을까? 낯선 망고주스 향은 나를 소심하게 만들었다. 우리 둘은 한 모금씩 마셔보고는 공항 한구석에 있는 쓰레기통 위에 컵을 얌전하게 올려놓고는 서둘러 다른 곳으로 이동했다. 익숙해진다는 건 삶의 태도에 어떤 영향을 끼칠까? 생망고가 수북하게 올려 있는 '망고 빙수'를 맛있게 먹는 내가 문득 떠오른다.

우리는 비행기에 탑승했고 자리를 잡았다. 비행기 꼬리 쪽에 우리의 좌석이 있었고 비행기는 만석이 아니어서 곳곳에 빈 좌석들이 보였다. 우리 앞자리에는 아시안 남자가 한 명 있었고 뒤쪽에는 프랑스인 남녀가 있었다. 문제는 이 프랑스인 남녀였는데, 비행 내내 줄담배를 피워대서 우리는 너무나 괴로웠고 나중에는 담요로 머리부터 발끝까지 감싸고 코를 막고 있었다. 그런데도 너무나 피곤해서 비행기에 타자마자 잠이 들었다. 정신없이 한참을 잤다고 느꼈다. 아! 하늘 어디쯤을 날고 있을까? 파리 드골공항까지는 몇 시간이나 더 가면 될까? 우리는 승무원이 주는 시원한 음료도 잘 받아서 먹고 김포공항에서부터 어쨌든 경유지를 거쳐 파리행 비행기를 잘 탔다는 사실, 그래서 이제 이 비행기가 우리를 그곳에 편안하게 잘 데려다줄 것이라는 안도감에 스스로 대견하게 여기고 있었다. 푸른 하늘과 구름을 볼 수 있을 거라는 기대를 하고 밖을 내다보았다. 하지만 창으로 보이는 밖은 어두웠다. 뭔가 좀 이상하다고는 느꼈지만 상관없었다. 어쨌든 파리를 향해 가고 있는 것은 분명하니까 말이다. 하지만 곧 알게 되었다. 우리는 깊은 잠에 빠져서, 탑승한 채로 공항에서 거의 7시간 동안 그대로 있던 것이었다. 그제야 정신 차리고 밖을 보니 공항의 건물들이 보였다. 세상에 이럴 수도 있는 것이로구나! 우리는 거의 이틀 만에 파리 드골공항에 도착했고 드디어 프랑스 땅을 밟게 되었다.

하지만 공항에서 시내까지 가는 것도 만만치가 않았다. 우여곡절 끝에 드디어 몇 시간 만에 파리 시내에 도착했지만 당장 어디에서 묵어야 할지도 몰랐고, 간신히 전화카드를 사서 '우간다'에 적혀있는 한인 민박집으로 전화했더니 이미 인원이 꽉 차서 빈방이 없다는 것이다. 기운이 쪽 빠진 채로 공중전화 앞에 있는데, 두 남자가 다가왔다. "한국 사람이시죠?" '우간다'에 '배낭여행 하면서 가장 조심해야 할 대상은 한국 사람'이라고 적혀있던 것이 생각났다. 그리고 저런 식으로 접근하는 게 보통이라고 하는데, 나는 그때 아무것도 생각할 겨를도 없이 반색하며 무조건 '한국 사람'이라고 했다. 두 사람은 루브르 박물관으로 가는 중이라고 하면서, 한 사람은 유학생이고 다른 한 사람은 여행자인데 그 유학생의 집에서 며칠간 민박을 하고 있다고 했다. 집에는 아내가 있고 또 다른 여행자들이 묵고 있다고 해서, 나는 우리도 그곳에서 묵을 수 있는지 물어보았다. 우리의 몰골은 꾀죄죄하고 초췌해서 그 유학생은 우리의 간절한 부탁을 거절할 수 없었을 거다. 아침은 프랑스식 그리고 저녁은 한식으로 2식이 제공되었는데, 프랑스식 식단에 포함되어 있던 지독하게 꼬리한 냄새를 풍기는 치즈를 입에 넣었다가 순간 빛의 속도로 뱉어냈다. 그럭저럭 우리는 그 집에서 2박을 하고 앞으로의 여정에 대한 약간의 자신감을 얻고 로마로 떠날 수 있었다. 그 유학생의 아내는 다른 여행자들이 있는 상태에서 남편이 상의하지 않고 우리를 데려왔다는 사실 때문이었는지, 아니면 우리가 어리벙벙해 보였는지 떠나는 우리의 등 뒤에 대고 "기차 놓쳤다고 다시 여기로 오시면 안 돼요"라며 비수를 꽂았다.

다행히 우리는 로마로 가는 기차를 놓치지 않고 잘 탔고 어느새 로마 시내의 맥도날드에서 'Big Mac 세트'를 먹고 있었다. 그런데 우리보다 더 얼이 빠져 보이는 두 명의 남자가 다가와서는 "한국 분이시죠?"라고 묻고는, 그들은 둘 다 열차에 '우간다'를 놓고 내려 앞으로 남은 여행을 어떻게 해야 할지 막막하다는 이야기를 우리에게 털어놓았다. 우리는 마침 둘 다 그 책을 가지고 있었고 흔쾌히 그들에게 한 권의 '우간다'를 넘겼다. 여행지에서 여러 날을 보낼수록 조금씩 여유가 생겼고 기차를 잘못 탔음에도 크게 당황하지 않고 기차역에서 노숙하기도 했다. 그때 친절한 스위스 할머니로부터 빵과 모닝커피 값을 받은 호의는 지금껏 기억에 남는다. 우리는 88 올림픽을 치른 나라 코리아에 대해 짧은 영어 실력에도 불구하고 기를 쓰고 설명했지만, 할머니는 전혀 알아듣지 못하셨다.

아쉬움을 뒤로하고 프랑스 칼레에서 배를 타고 도버 해협을 건너 새벽에 런던에 도착했다. 역 근처를 돌아다니면서 묵을 만한 호텔들을 찾아보았지만, 런던의 물가는 우리가 생각했던 것 이상이었다. 지폐 달러를 환전하면 동전으로 바꿔줬다. 런던이 마지막 여행지였던 이유도 있었지만, 두 명의 아시안 여자들의 며칠 동안 감지 못한 머리며 꾀죄죄한 몰골은 호텔 주인들이 우리를 경계하도록 할 만했다. 리셉션에는 대부분 인도 사람들이 앉아 있었고 그들과 우리는 서로를 낯선 눈빛으로 대했다. 호텔비가 비싸서 결국 우리는 한인 민박집을 찾아 이동했고 그곳에서 여행의 마지막 이틀을 보내게 되었다.

돈도 거의 다 떨어지고 나는 민박집에서 남은 필름을 다른 배낭 여행객들에게 팔았다. 그때만 해도 카메라는 필름을 사용했고, 외국에 나가면 필름이 비쌌기 때문에 넉넉하게 사가야 한다는 얘기를 듣고 32방짜리를 정말, 아주 과할 만큼 여유 있게 챙겨가서 마지막 여행지인 런던에서 무려 12통이나 남았다. 내게 남은 필름을 반기는, 그곳이 출발점인 여행객들에게 조금씩 싸게 팔고 그 돈으로 런던에서의 이틀 동안의 경비를 마련했다.

일상에서는 수많은 이해관계와 관계성으로 내어진 '조건'을 무시하면서 지내기가 어렵지만, 여행지에서만큼은 누군가에게 아무런 조건 없이 호의를 베풀거나 누군가로부터 환대를 받는다. 낯선 시공간이라는 여행지에서의 우연, 길 잃음, 경계, 놓침, 마주침, 예기치 못한 사건 등은 그 어떤 상황에서보다 극적인 경험을 가능하게 하고 감정의 격랑으로 인해 탄식과 탄복의 순간을 넘나들게 된다. 한국에서 유레일패스를 끊을 때까지는 몰랐는데, 직접 기차를 타고 이동을 해보니 단지 기차만으로도 국경을 넘을 수 있다는 것은 너무나도 낯선 경험이었다. 그때까지 국경이라는 것은 갈 수 없는 '동토의 땅'과 맞닿은, 공간도 장소도 아닌 것으로 저 북방 대륙을 향한 상상의 나래를 너무나도 강고하게 금지하는 장벽이었다.

우리는 마지막 여행지인 '큰 섬' 런던에서 이제는 어디로든 갈 수 있다는 생각을 하면서 여행자들의 바이블 '우간다'에 적혀있는 "런던에 가면 꼭 Lager와 Fish & Chips를 먹어야 한다."를 실천하기 위해 한낮에 펍Pub으로 향했다.

작가의 말

고래의 꿈 이후, 시절을 함께

두런두런 들리는 말소리에 깨었다가 설핏 다시 잠이 드나 했는데, 나는 그냥 눈을 감은 채 외할머니와 엄마가 나누는 이야기를 듣고 있다. 맨 아랫목에는 증조할머니가 주무시고 계실 테고, 실눈을 뜨고 보니 이모는 안 자고 텔레비전을 보면서 훌쩍거리고 있었다. 할머니와 엄마는 옛날 율리栗里에 살았을 때 누가 어땠고 또 그 누구의 자손은 이렇게 됐고 젊은 날의 할아버지에 관한 얘기며 증조할머니가 금강산까지 장사를 다녔던 얘기 등등을 밤이 깊도록 나누고 있었다. 나는 그 이야기를 듣다가 또 어느새 그냥 스르르 잠이 들어 버렸다.

2020년 겨울 어느 날, 나는 과거의 기억을 불러내기 시작했다. 기억들은 마치 "구원을 기다리는 어떤 은밀한 목록"(벤야민)에 이미 오래전부터 자리 잡고 있다가, 뽀얗게 먼지가 앉은 마법의 램프를 알라딘이 슬쩍 문질러 주기만을 바란 것처럼, 나의 손길을 기다렸던 것은 아니었나 싶었다. 현재는 절망적이고 미래는 불확실하다면 남아 있는 것은 과거일 수밖에 없는 건가? 컴퓨터 앞에 앉아 꼭 무언가에 홀린 것처럼 '기억'을 따라 마치 자동 기술하듯 써 내려간 글은 어느덧 일백 페이지를 훌쩍 넘겨버렸다. 이러한 몇 달 동안의 아침 루틴으로 나의 마음은 평온해지고 즐겁기까지 했다.

나는 과거라는 시간을 통해 '새로운 것, 낯선 것'들에 대한 두려움과 호기심 그리고 기대와 같은 복잡하고 미묘한 감정들을 되새겨 보고 싶었고 개인사적 글쓰기를 통해 과거의 시간대에서 디딜 곳을 발견하기를 소망했다.

"사적 문명기私的文明記"라는 다소 거창한 부제는 한갓 개인인 내 기억의 책이 더 많은 누군가와 함께하는 '정동적 모험'으로 확장될 수 있지 않을까, 하는 소망에서 붙여본 것이다.

내가 고래의 꿈을 꾸었던 〈불란서 양옥집〉이 건축사적으로 '정체불명의 양식으로 우리[한국인]의 오랜 기억을 지우고 아름다운 풍경을 무너뜨린 주범'으로 기록된다 해도, 나와 같은 누군가에게는 오랜 기억을 간직하게 하는 공간일 수 있다. 누가 뭐라고 해도 이 장소는 나의 존재론적 모험이 시작된 공간이다.

  같은 시대를 살아가면서도 서울과 J읍 그리고 같은 지방이어도 주변 환경이 어떠한지에 따라 나는 내 주변의 작은 일들을 주로 썼지만, 크게 보면 그것들 또한 그 시대를 함께 살아온 존재인 어린이들, 즉 '역사적 아동'의 일이었을 것임을 생각한다.

사사롭지만은 않은 유년 시절의 일대기

하승우(한예종 영상이론과 교수)

저자는 『기찻길 옆 불란서 양옥집』에서 유년 시절에 대한 추억을 회상하며, 과거의 풍경을 기록하고 채록된 사연들을 술술 풀어낸다. 그는 과거가 실제로 어떠했는지 묻기보다는, 과거는 어떤 방식으로 기억되는지에 중점을 둔다. 믿기 어려울 정도로 과거를 생생하게 기억해 내는 저자는, 다른 사람은 알 길 없는 자신만의 내밀한 과거를 드러내는 데 만족하기보다는, 이 책의 독자들 역시 자신의 유년 시절을 회상하는 작업에 기꺼이 동참하게 만든다. 이런 점에서 저자는 타고난 이야기꾼이다. 그는 유년 시절에 대한 기억을 소환해 낸 후, 이를 다른 사람들의 기억과 연결시키는 능력을 지닌 타고난 이야기꾼인 것이다.

1. 읍내 산책자

책에서 드러나는 기억의 방식은 걷기와 결부된 기억이다. 그런데 걷는다는 것은 단지 한 곳에서 다른 곳으로 이동하는 것일 뿐만 아니라, 걷는 이가 자신을 둘러싼 세계를 인식하는 과정이기도 하다. 즉 보행은 자신을 둘러싼 세계를 탐지하고 그렇게 탐지된 세계를 기록하기 위한 매개인 셈이다. 어린 시절 저자가 걸었던 여정을 다시 복기해 보자. 그가 살았던 파란 지붕의 불란서 양옥집은 초등학교에서 멀리 떨어져 있다. 성인이 걸어도 30~40분은 족히 걸리는 거리라고 한다. 저자는 동생과 함께 이 먼 거리를 6년 동안 꼬박 걸어 다녔다. 아침에 학교에 갈 때는 여유가 없었지만, 학교를 끝내고 집으로 돌아오는 시간은 오전에 비해 한결 여유로웠다. 학교 앞 가게를 따라 나오면 오른편에 긴 비탈길이 있다. 비탈길을 내려오다 거의 끝에 다다를 즈음이면 왼편에 둠벙이 있다. 저자는 둠벙이란 단어에 관해 설명하고 있지는 않지만, 둠벙은 웅덩이를 일컫는 전라도와 충청도의 방언이다. 둠벙을 지나 좁은 논둑길을 걷다 보면, "기와를 얹은 작은" 상엿집이 보인다. 상여는 시신을 실어서

묘지까지 나를 때 사용되는 도구를 말하는데, 요즘은 일상에서 상엿집을 보는 게 거의 불가능하다고 할 수 있다. 죽음은 우리의 일상적 삶의 공간에서 점점 더 비가시화되어 가고 있다.

상엿집에서 조금 더 걸으면 언덕배기가 나오고, 그 언덕을 지나면 시장이 있는 읍내로 들어가게 된다. J읍 시장에 관한 저자의 기억은 생생하다. "학교 끝나도 별로 할 일이 없었고 심심했기 때문에 장날이 되면 괜히 여기저기 쏘다녔다. 그야말로 시골 읍내의 '장날'은 1800년대 프랑스에서 열렸던 만국박람회 못지않게 스펙터클 했다. 또 한편으로는 괴이한 것들에 이끌리어 필사적으로 구경하려는 파리의 산보자처럼 볼 만한 것들을 찾아다녔다." J읍 시장을 경험하지 못한 이도 그 장소가 제공했을 법한 흥겨움과 부산스러움을 쉽게 떠올리게 된다. 이는 이 책이 지닌 훌륭한 미덕 가운데 하나다. 저자는 독자에게 자신만의 고유한 기억을 끄집어내어 이를 발화하도록 권유한다.

시장을 지나 "이 동네의 문화 일번지인 '제일 극장'"에 다다르게 된다. 극장을 지나 터미널 쪽으로 걷다 보면 고급 슈퍼마켓이 있고, 슈퍼마켓에서 큰길 쪽으로 좀 더 걸으면,

'복성원,' '태화장,' '명보장' 등의 중국집이 나온다. '복성원' 옆에는 '장수제과'가 있었는데, 당시 J읍에서 제일 유명한 "최고급 빵집"이라고 한다. 제과점을 지나 코너를 돌면 '만길상회'가 있고, 이곳 건너편에는 '켄터키 후라이드 치킨집'이 있다. 치킨집에서 좀 더 걸으면, 간판에 '생사탕'이라는 글자가 적힌 가게가 나온다. "술과 뱀이 담겨 있는 타원형의 긴 유리병들"이 즐비하게 늘어선 가게다. 큰 유리병 속에 똬리를 틀고 있는 뱀들은 그곳을 지나는 사람들의 시선을 압도한다. 기이하다 못해 공포스러운 광경이었지만, 호기심을 자극하기도 한다. 뱀탕 집을 지나 "단 한 번도 친절한 적 없는 할아버지와 할머니가 경영하는 구멍가게"를 지나면, 저자가 거주하는 불란서 양옥집이 보이기 시작한다.

2. 고유명, 기억의 고리

저자는 이처럼 어린 시절 학교를 파하고 집으로 돌아가는 여정을 매우 입체적으로 묘사한다. 그곳에 한 번도 가 보지 못한 독자들이 대다수이겠지만, 이 글만 보고도 우리는 대략 저자가 어떤 경로와 과정을 통해 집까지 다다르게 됐는지 어렵지 않게 떠올릴 수 있다. 흥미로운 것은 저자가 다종다양한 고유명을 사용하여 공간을 기억하고 있다는 점이다. '제일극장,' '복성원,' '태화장,' '명보장,' '장수제과,' '만길상회,' '생사탕' 등 저자는 줄곧 고유명을 사용하여 장소에 관한 기억을 떠올린다 (역설적으로 J읍은 고유명과 멀리 떨어져 있다). 그러므로 저자의 기억은 막연하지 않고 구체적이며 또 생생하다. 어쩌면 이와 같은 기억술은 발터 벤야민이 강조했던 고유명과 맞닿은 측면이 있다. 벤야민은 기억이 작은 것에서 큰 것으로 혹은 큰 것에서 작은 것으로 이동하는 게 아니라, 작은 것에서 더 작은 것으로 이동하는 것과 관련된다고 본다. 작은 것에서 더 작은 것으로 기억의 과정이 진행될 때, 제일 마지막에 자리한 것이 고유명이다. 즉 고유명은 기억의 최소 단위를 형성하는데, 벤야민에게는 이러한 고유명이 기억의 모든 것을 나타낸다. "반면에 포츠담에서 보낸 여름은 전혀 기억이 나지 않는다. 아마 농사에 대한 나의 최초의 유일한 열정이라고 할 아스파라거스 재배용 농기구를 브라우하우스베르크에 있는 정원으로 옮겼기 때문일지도 모른다. 이로써 나는 한 단어를 폭로한 셈이다. 마치 장미 향수 한 방울에 수백 송이의 장미꽃잎이 보존

되어 있듯이 수백의 여름날들이 그 형태, 색채, 많은 날들을 다 바쳐서 그 안에 향기로 보존되어 있는 단어, 그것은 '브라우하우스베르크'이다.(중략) 이렇듯 브라우하우스베르크라는 단어에서는 아무런 무게도 느껴지지 않는다. 그 이름은 더 이상 양조장이라는 뜻의 '브라우하우스'를 연상시키지 않는다. 기껏해야 그것은 나와 내 가족에게 거처를 제공하기 위해 여름철에 세워진 푸르게 뒤덮인 언덕일 뿐이다." 벤야민이 밝혔듯, '브라우하우스베르크'라는 고유명은 양조장이라는 뜻의 브라우하우스와는 아무런 관련이 없다. 그것은 자연과 문화, 인간과 사물을 가로지르는 경계가 무화되는 지점이다.

3. 풍미와 장소

어린 시절에 관한 기억으로는 맛도 빼놓을 수 없다. 이 책에서도 저자가 어린 시절 느꼈던 맛에 관한 묘사가 자주 등장한다. 저자의 집에는 증조할머니가 살고 계셨기에 손님들이 자주 방문했다. 손님들은 집에 들를 때마다 '인도사과'며 '한아름 종합선물세트' 등을 들고 왔다. 저자는 '쌕쌕 오렌지'를 통해 초등학교 5학년 때 소풍 가던 일을 떠올리고, '빼빼로'를 통해 합창대회에 나갔던 때를 기억한다. 저자에 따르면, '빠다 코코낫,' '버터링 쿠키,' '사브레' 등은 흔히 접할 수 있는 과자들은 아니었고, 왠지 고급스러운 과자들처럼 보였다. 어쩌면 과자명에 외래어가 들어간 탓일지도 모른다. 반면에 저자가 떠올리는 최고의 과자는 "노랗고 작은 직사각형의 서랍식으로 포장된 오리온 '밀크 카라멜'이었다."

어린 시절 경험했던 맛에 관한 기억은 계속 이어진다. 저자는 추풍령 휴게소에서 먹었던 핫도그를 기억한다. 울산에 친척 집이 있어 방학 때만 되면 울산에 놀러 갔는데, J읍에서 울산으로 고속버스를 타고 가다 '추풍령 휴게소'에 들렀던 사건을 떠올린다. 지금은 핫도그가 흔하지만, 그때만 하더라도 그렇지 않았던 것 같다. 흥미로운 점은, 저자가 항상 맛과 그 맛에 관련된 장소를 동시에 기억하고 있다는 점이다. 맛이 장소를 일깨우고, 장소가 맛을 북돋는다. 핫도그의 맛은 단지 핫도그만의 맛이 아니라, '추풍령 휴게소'에서 먹었던 핫도그일 때 유의미한 기억으로 남는다. 그러므로 이 책에서 묘사되는 장소에 관한 기억은 미각 등의 감각과 결부된 기억인 셈이다.

그러나 울산에 가는 길은 추풍령 휴게소에서 '아메리칸 스타일의 핫도그'를 먹는 일처럼 항상 낭만적이지만은 않았다. 어린 시절의 저자는 헌병이 고속버스에 올라와 검문하는 모습을 덤덤한 톤으로 읊조린다. "헌병은 우리가 탄 고속버스에 올라와 '잠시 검문이 있겠습니다'를 묵직한 톤으로 말하고는 버스 앞좌석에서부터 맨 뒷자석까지, 찬찬히 우리들의 얼굴을 살폈다. 그들이 걸을 때마다 군화에서는 '촬촬촬'거리는 쇠구슬 부딪치는 소리가 들렸고 눈을 마주쳐야 할지 아니면 피해야 할지 선택할 사이도 없이 스윽 왔다가 사라졌는데, 아마도 사람들은 자신이 나쁜 사람이 아니라 일개 평범한 '국민'이라는 사실을 온몸으로 재현하려고 무척이나 애를 썼을 것이다." 이때 개인의 사적 기억은 어느새 사회적 현실과 접속된다. 당시의 역사적 풍경을 일별할 수 있는 장면이다.

4. 극장의 경험

걸어 다니면서 공간을 인식하는 경험은 저자가 20대 초반일 때도 지속된다. 이때는 저자가 서울의 소공동 부근에서 직장생활을 할 때다. 소공동은 명동, 남대문, 을지로, 종로 등 여러 갈래로 길이 통하는 곳이다. 90년대 초반 소공동을 통해 종로를 향해 걷던 저자의 기억을 따라가 보자. "종로에서 약속이 있는 날은 (옛날)조흥은행 본점을 지나 광교를 건너 종각에 이르러 오른쪽으로 돌아서 조금만 가면 '파이롯트'가 있고 좀 더 종로 3가 쪽으로 걸으면 '종로 서적'이 나왔다. 거기서 좀 더 가면 'KFC'나 '하디스'가 있었는데 친구들과는 주로 '하디스'에서 만났다. 또 가끔은 종로 대로변 말고 그 안쪽 길에 있던 코아아트홀 옆 반쥴(드라마〈응답하라 1988〉에서도 나왔던)에서 만나기도 했었다."

청계천 광교 옆에 위치했던 옛 조흥은행 본점은 지금은 신한은행이 자리잡고 있다. '파이롯트,' 'KFC,' '하디스'는 이제는 사라진 것처럼 보인다. 저자가 말하는 '종로서적'은 2002년에 폐점하며 역사의 뒤안길로 사라졌다. 1995년에 설립된 코아아트홀은 2004년에 폐관되었다. 지금으로 말하면, 월드시네마라고 할 수 있는 영화들을 제법 상영했던 곳인데, 타르코프스키의 〈희생〉이 상영되기도 했다. 동일한 공간이 시간의 흐름을 두고 변해가는 과정을 목도하는 과정은 그 자체로 유물론적이다. 왜냐하면 대상의 속성은 그 대상을 둘러싼 사회적 조건에 의해 변화되기 때문이다.

다른 한편, 저자가 회상하는 이 부근은 지금은 사라진 '우미관'이 있던 자리이기도 하다. 서울 청계천을 기준으로 북촌과 남촌을 구별할 때, 북한산 아래를 북촌, 남산 아래를 남촌으로 불렀다. 주지하다시피 식민지 시기에 조선인과 일본인의 거주지는 분리되었는데, 조선인이 북촌에 거주했다면, 일본인은 남촌에 거주했다. 우미관은 일본인 하야시다가 1912년 12월 서울 종로 관철동(북촌)에 설립한 극장으로, 2층 벽돌 건물로 지어졌으며, 1,000명 정도를 수용할 수 있는 큰 극장이었다. 조선인을 대상으로 한 상설영화관이었으며, 1982년에 폐업했다.

식민지 시기, 영화를 좋아하는 사람들, 영화를 보러 극장에 가는 사람들을 '애활가'라 불렀다. 어쩌면 저자는 식민지 시기, 종로 극장가를 활보했던 애활가의 정신을 계승한 자가 아닐까. 90년대 초반, 저자는 단성사(《장군의 아들》), 스카라극장(《죽어야 사는 여자》), 아세아극장(《시스터 액트》), 코리아극장(《사랑과 영혼》), 국도극장(《황비홍》), 중앙극장(《퐁네프의 연인들》), 허리우드극장(《원초적 본능》) 등을 유랑하듯 쏘다닌다.

극장을 둘러싼 저자의 추억은 70년대로 거슬러 올라간다. 70년대 저자는 서울 이문동에서 잠시 살았는데, 이때 저자의 이모는 저자를 업고 영화를 관람하려 다녔다고 한다. 이때 저자는 매우 신기하게도 이모와 함께 보았던 영화를 또렷하게 기억한다. "그리고 내가 기억하고 있던 또 다른 한 장면의 영화 제목은 〈신상〉이었고 〈아라비아의 열풍〉을 먼저 상영하고 그다음에 '동시 상영작'인 〈신상〉을 상영했다고 한다. 이모는 나를 업고 그 영화를 보러 갔었고 극장은 아마도 이문동 시장 근처('이문극장'?)에 있었던 것 같다고 얘기해 주었다."

J읍에 살았을 때는 '제일극장'을 자주 다녔다. 저자는 오랜 시간이 지났음에도 〈어둠의 자식들〉, 〈앵무새 온 몸으로 울었다〉, 〈날아라 캐시〉, 〈버닝〉, 〈벤지〉 등의 영화 포스터를 기억하는가 하면, 어린이 영화를 보러 갔다가 동시상영으로 인해 숀 코너리가 주연으로 등장했던 〈007 네버 세이 네버 어게인〉, 〈꼬방동네 사람들〉을 보았던 기억을 끄집어내기도 한다. 1982년 초등학교 5학년이었던 저자는 어린이 영화 〈날아라 캐시〉를 본 뒤에 이어서 상영했던 이은하 주연의 〈날마다 허물 벗는 꽃뱀〉을 관람한다. 영상자료원 기

록을 살펴보니, 이 영화는 1982년 4월 7일, 서울 피카디리 극장에서 개봉했다. 강대선 감독이 연출했고, 이은하, 김성환 등이 출연했다. 이외에 〈캔디 캔디〉, 〈관속의 드라큐라〉에 관한 저자의 기억도 각별하다. 저자는 J읍에서의 극장 경험을 바탕으로 1980년에 관한 인상을 다음과 같이 풀어낸다. "온갖 것들이 뒤죽박죽 뒤섞여 도무지 종잡을 수 없는 것들 사이에 그래도 큰 줄기를 이루고 있던 주된 분위기 혹은 정서는 영화 〈관속의 드라큐라〉에서의 나이트클럽 장면이 자아내는 '공포'와 '에로티시즘'이 아닐까 싶다. 금기된 것들의 허용이 주는 청량한 해방감과는 거리가 먼, 텁텁하고 찐득한 공기는 이상하게 더 답답함을 느끼게 했다." 80년대의 풍경을 예리하게 진단하는 구절이다.

5. 기억, 공간 속에서 정박되다

저자는 장소와 풍경에 머물던 사람들의 곡진한 사연보다는 그곳에 자리 잡은 풍경과 사물에 더 자주 눈길을 주는 것 같다. 이를 두고 요새 유행하는 인간과 비인간 주체의 결속이라고 말하는 것은 너무나 손쉬운 제안일지 모른다. 이 책이 안겨다 주는 진정한 즐거움은 다른 곳에 있다. 책을 읽다가 지금의 상황을 살펴보면, 모든 것이 변했음을 어렵지 않게 감지하게 된다. J읍의 풍경도 변화했을 것이고, 90년대 초반에 저자가 활보하던 소공동과 종로 일대의 거리도 변모했다. 어디 그뿐이랴. 공간에 관한 저자의 기억, 의식, 관념, 태도도 마찬가지로 변화했을 것이다. 우리의 기억이 사회적 관계 속에서 형성된다면, 사회가 변하는 만큼 기억도 변화하기 마련이다. 그러나 예나 지금이나 변하지 않은 것이 있다. 곧 변화무쌍한 기억의 흐름을 고정하는 그 무언가가 있다. 그것은 바로 그 공간에 사로잡히는 것이다. 저자는 여전히 불란서 양옥집, J읍 시내, 90년대 초반의 소공동 일대 등에 사로잡혀 있다. 궁극적으로 『기찻길 옆 불란서 양옥집』은 오랜 시간 켜켜이 쌓인 시간의 흐름이 특정한 장소 속에서 어떻게 정박되는지 기억하려는 책이다.

베개 레트로
기찻길 옆 불란서 양옥집

초판 1쇄 발행 2024년 1월 20일

지은이　강정수

펴낸이　조원규
펴낸곳　시용출판사
출판등록　2009년 12월 21일 제321-2009-000238호

주소　　04100 서울특별시 마포구 백범로 136 이이비디타워 1301호
전자우편　neulbo2017@naver.com
전화　　010-9665-8857
팩스　　02-701-8455

ⓒ 강정수, 2023. Printed in seoul, korea
ISBN 979-11-979262-2-8

* 이 책의 판권은 지은이와 시용출판사에 있습니다.
잘못된 책은 교환해 드립니다.
책값은 뒤표지에 있습니다.